Pat Petrie
Kommunikation mit Kindern
und Erwachsenen

Buchtips von Ullstein Medical

Pat Petrie

Kommunikation mit Kindern und Erwachsenen

ULLSTEIN
MEDICAL

Pat Petrie, PhD

Übersetzung: Michael Herrmann, Berlin
Bearbeitung: Rudolf Müller, Kelkheim

Die Deutsche Bibliothek - CIP Einheitsaufnahme

Petrie, Pat:
Kommunikation mit Kindern und Erwachsenen / Pat
Petrie. [Übers.: Michael Herrmann]. - Wiesbaden :
Ullstein Medical 1999
    Einheitssacht.: Communication with children and
adults <dt.>
    ISBN 3-86126-659-8

Das vorliegende Buch ist eine Übersetzung aus dem
Englischen von „Communication with children and
adults" von Pat Petrie.

1. Auflage 1999. Ullstein Medical Verlagsgesellschaft
mbH & Co., Wiesbaden

© Arnold Publishers, London 1997

© Ullstein Medical Verlagsgesellschaft mbH & Co.,
Wiesbaden 1999

Lektorat: Jürgen Georg, Elisabeth Littwin-Felden
Herstellung: Detlef Mädje
Layoutsatz: FEMOSET GmbH, Wiesbaden
Druck und buchbinderische Verarbeitung:
Freiburger Graphische Betriebe

Printed in Germany

ISBN 3-86126-659-8

Danksagung

Ich möchte allen danken, die zu diesem Buch beigetragen haben: den Spielbegleiterinnen, den BetreuerInnen in Kindergarten und den Tagesmüttern, die mir von ihren Erfahrungen berichteten und mich bei ihrer Arbeit zuschauen ließen. Barbara Tizard danke ich für die Erlaubnis, Auszüge aus ihren Aufnahmen von Kindersprache zu verwenden, Rachel Pinney und Sally Maxwell dafür, daß ich sie beobachten durfte, wenn sie mit der Technik der „Besonderen Zeit" arbeiteten. Jane Lane und Bob Hughes danke ich für ihren Rat. Keine der oben erwähnten Personen ist für Fehleinschätzungen in diesem Buch verantwortlich!

Besonderer Dank gebührt dem National Nursery Examination Board (NNEB), das mich bei meiner Arbeit zur Entwicklung eines Trainings für interpersonale Kommunikation unterstützte. Dieses Buch ist eine Erweiterung und Adaptation davon und soll den Ansatz einem größeren Kreis von Interessenten zugänglich machen, die sich in der Ausbildung befinden oder bereits in Kinderkrippen oder Spielgruppen für Kleinkinder arbeiten.

Der Verlag dankt dem Personal und den Kindern des Tottenham Green Under-fives Centre und der Nketewa Day Nursery für ihre Unterstützung und die Erlaubnis, die in diesem Buch verwendeten Fotos dort aufzunehmen. Collins Publishers danken wir für die Genehmigung, Material aus Young Children Learning von Tizard und Hughes (Fontana, 1984) zu verwenden. Barnaby's Picture Library danken wir für die Abdruckgenehmigung für die Abbildungen auf den Seiten 12 und 13, John Birdsall für die Abbildung auf Seite 12 unten rechts sowie Harry Venning für die Illustrationen.

Inhaltsverzeichnis

Einleitung

Die zweite Auflage dieses Buches ist für all diejenigen gedacht, die in der Kin-
derkrankenpflege, in Kinderkrippen und als SpielbegleiterInnen arbeiten oder
dies beabsichtigen. Das Buch berührt viele verschiedene Arbeitsfelder und Be-
treuungsformen. Dazu gehören Kindergärten, Spielgruppen für Kleinkinder,
Tagesmütter, Sonderformen der Betreuung, Abenteuerspielplätze, Kinder-Clubs
sowie Spielgruppen für die Zeit nach der Schule oder in den Ferien. Gegenüber
der 1. Auflage, die überwiegend für Personen gedacht war, die Kinder unter
5 Jahren betreuen, hat es eine Erweiterung erfahren.

Thema des Buches ist die interpersonale Kommunikation, d. h. Kommunikation, die von Angesicht zu Angesicht zwischen Menschen stattfindet. Es
beschäftigt sich daher nicht mit schriftlicher Kommunikation.

Ein wesentliches Merkmal dieses Buches besteht darin, daß es sowohl von
der Kommunikation mit Kindern als auch mit Erwachsenen handelt und für
beide Gruppen denselben theoretischen und praktischen Bezugsrahmen verwendet. Menschen, die beruflich mit Kindern zu tun haben, müssen in der
Lage sein, effizient mit allen zu kommunizieren, denen sie begegnen. Das
Kommunikationsverhalten, das sie im Umgang mit Erwachsenen – Eltern,
Kolleginnen und Kollegen – zeigen, beeinflußt indirekt die Kinder, die sie betreuen. Im Interesse dieser Kinder sollten alle, die mit Kinderbetreuung befaßt
sind, ihre kommunikativen und kooperativen Fähigkeiten nach besten Kräften zum Tragen bringen – und ein Personal, das auf diesem Gebiet geschult
ist, kann dabei die Führungsrolle übernehmen. Die Kommunikation mit Kindern übt unmittelbaren Einfluß auf sie aus und kann ihre emotionale und in-
tellektuelle Entwicklung fördern, aber auch hemmen. Vor allem bei der Arbeit
in Kinderkrippen oder als SpielbegleiterIn kann kommunikationskompetentes

Personal das Sozialverhalten eines Kindes positiv beeinflussen – ein wünschenswertes Ergebnis professionellen Handelns.

Das vorliegende Buch bietet dem Betreuungspersonal Wege an, die Verantwortung für ihren eigenen Anteil an jedem kommunikativen Akt zu übernehmen und gleichzeitig andere – Kinder oder Erwachsene – bei der effizienten Kommunikation zu unterstützen. In den meisten Kapiteln wird ein bestimmter Aspekt der Kommunikation dargestellt und in seiner Bedeutung für Erwachsene und Kinder diskutiert. In den Kapiteln über das Zuhören beispielsweise wird auf die Bedeutung aufmerksamen Zuhörens eingegangen, und wie es die Kommunikation bei Erwachsenen und Kindern fördern kann. Ferner wird angesprochen, welche Kommunikationsprobleme unabhängig vom Alter auftreten können, und wie sie zu vermeiden sind.

Die wichtigsten Anliegen dieses Buches bestehen darin, daß die Leserschaft

- sich der zentralen Stellung der interpersonalen Kommunikation bei der Kinderbetreuung stärker bewußt wird,
- erkennt, daß effiziente interpersonale Kommunikation auf erlernbaren Fertigkeiten beruht und
- lernt, in einer Weise zu kommunizieren, die den Bedürfnissen der Kinder gerecht wird.

Inhalt der Kapitel

Kapitel 1 stellt eine Einführung in die Thematik dar. Besprochen wird die interpersonale Kommunikation im allgemeinen, wobei die Unterscheidung zwischen verbalen und nonverbalen Anteilen besondere Berücksichtigung findet.

Kapitel 2 behandelt interpersonale Kommunikation im Umgang mit Babies und beschreibt eine besondere Art der nonverbalen Kommunikation: die präverbale Kommunikation. Darunter sind Kommunikationsformen zu verstehen, die auftreten, bevor ein Kind sprechen gelernt hat.

Die Kapitel 3 bis 6 bilden eine ineinandergreifende Folge und handeln vom Zuhören – einer Fertigkeit, die für Menschen, die Kinder betreuen, von zentraler Bedeutung ist.

In Kapitel 7 wird das Sich-Öffnen betrachtet, die Kommunikation über sich selbst. Wann sind Auskünfte, die man Kindern oder anderen über sich selbst gibt, im Rahmen der Betreuung angemessen und hilfreich – und wann nicht?

Kapitel 8 beschäftigt sich in erster Linie mit den verschiedenen Arten des Fragens und dem Umgang damit. Ferner werden darin die Fragen von Erwachsenen an Kinder und die von Kindern an Erwachsene untersucht.

In Kapitel 9 wird die soziale Kontrolle in Zusammenhang mit interpersonaler Kommunikation betrachtet, einschließlich der Art und Weise, wie einigen Menschengruppen im Verlauf der Kommunikation ein niedrigerer Status als anderen zugewiesen wird. Es handelt von kommunikativ verursachter Ungleichheit, enthält Denkanstöße und Übungen zu den Themenkreisen Sexismus und Rassismus und geht auch auf die kommunikative Betreuung behinderter Kinder ein. Dieses Kapitel kann für sich allein gelesen werden.

In den Kapiteln 10 und 11 werden Formen der konstruktiven Kommunikation in Konfliktsituationen besprochen. Dazu gehören der Umgang mit Kindern und Erwachsenen, die ein inakzeptables Verhalten zeigen sowie der Umgang mit Kritik. Diese Kapitel nehmen ausgiebig Bezug auf das in den Kapiteln 3 bis 6 Gelernte und können unmittelbar im Anschluß daran gelesen werden.

Kapitel 12 ist völlig neu und enthält Ratschläge für die Arbeit in Gruppen und bei Versammlungen. Die Inhalte lassen sich auf Mitarbeiterversammlungen, Elterntreffen oder Kindergruppen anwenden. Den Schwerpunkt bilden Empfehlungen, wie man ein effizientes Gruppenmitglied sein kann und wie eine Gruppe gebildet und geleitet wird. Auch dieses Kapitel nimmt starken Bezug auf bereits Gelerntes.

Kapitel 13 steht unter dem Thema Vertraulichkeit. Es wird nicht nur hervorgehoben, wie wichtig es ist, keine persönlichen Informationen über Kinder und deren Familien auszuplaudern, sondern es wird auch dargelegt, wann es wichtig ist, Vorgesetzte über ernsthafte Bedenken bezüglich eines Kindes zu informieren.

In Kapitel 14 werden alle Hauptthemen dieses Buches noch einmal zusammengefaßt.

Übungen und Beobachtungsvorschläge

Das Buch enthält viele Übungen. Dazu gehören Beobachtungsvorschläge und Materialien, die zur Diskussion anregen sollen. Das Diskussionsmaterial trägt die Überschrift: „Zum Diskutieren oder Nachdenken". Es ist besonders nützlich für Studierende, die für sich allein arbeiten oder nicht an einem Kurs teilnehmen, und die sich Zeit nehmen können, um über die vorgestellten Fallberichte und Fragestellungen nachzudenken. Wird das Buch in einem Lehrgang eingesetzt, kann die Diskussion in kleinen Gruppen oder mit der gesamten Klasse stattfinden. Manche Lehrkräfte möchten die Diskussionvorlagen vielleicht zum Ausgangspunkt schriftlicher Arbeiten machen.

Jede Beobachtung, die von Studierenden am Arbeitsplatz oder anderswo im Zusammenhang mit einer Übung gemacht wurde, kann beim nächsten Zusammentreffen von allen, die die betreffende Übung absolviert haben, in nutzbringender Weise diskutiert werden. Ein Vergleich der Erfahrungen kann zu einem tieferen Verständnis dessen führen, was effektive Kommunikation fördert und was sie behindert.

Durchführen von Beobachtungen

Es gibt in diesem Buch viele Vorschläge zur Durchführung von Beobachtungen. Einige beziehen sich auf den Arbeits- oder Praktikumsplatz, andere gelten für Beobachtungen zu Hause oder anderswo. In manchen Kapiteln wird den Studierenden empfohlen fernzusehen, um interpersonale Kommunikation zu beobachten. Die Lehrkraft einer Klasse kann auch kurze Ausschnitte eines Spielfilms auf Video aufnehmen und sie als Beobachtungsübung oder Diskussionanregung verwenden.

Beobachten ist ein guter Weg, um etwas über menschliches Verhalten und zwischenmenschliche Kommunikation zu lernen.

Das Durchführen einer Beobachtung ist nicht das gleiche wie das beiläufige Betrachten von Geschehnissen. Beobachten heißt, so hinzuschauen, daß man alles über eine bestimmte Situation erfährt, was man nur erfahren kann.

In diesem Buch werden in erster Linie zwei Arten der Beobachtung empfohlen: die formelle und die weniger formelle. Bei der formellen Beobachtung arrangieren Sie ein Treffen, um sie durchzuführen, zum Beispiel in einem Spielzentrum, im Kindergarten oder mit einer Mutter und ihrem Kind. Dann führen die Sie die Beobachtung über einen festgesetzten Zeitraum hinweg durch und erstellen gleichzeitig schriftliche Aufzeichnungen darüber.

Formelle Beobachtungen

Bevor Sie interpersonale Kommunikation formell beobachten, müssen im Vorfeld gewisse Schritte unternommen werden. Es ist äußerst wichtig, die Erlaubnis für die Beobachtung einzuholen und sie zu einer Zeit vorzunehmen, die den Beteiligten genehm ist.

Seien Sie sich von Anfang an klar darüber, auf welche der Art der Kommunikation Sie sich konzentrieren wollen. Legen Sie vor dem Beginn schriftlich das Ziel der Beobachtung nieder und halten Sie fest, wonach Sie suchen wollen (entsprechende Hinweise finden sich im Buch). Nehmen Sie zwei Kugelschreiber oder Bleistifte mit – falls einer versagt – sowie Schreibpapier, Schreibunterlage und Uhr, um die Beobachtungszeit kontrollieren zu können.

Erklären Sie allen anwesenden Erwachsenen, daß Sie im Rahmen Ihrer Ausbildung eine Beobachtung durchführen. Fragen Sie, ob abzusehen ist, daß eines der Kinder während der Phase der Beobachtung aus dem Raum gebracht werden muß, und nehmen Sie dieses Kind nicht in die Gruppe der „Zielpersonen" (s. u.) auf.

Bisweilen lohnt es sich, zunächst einmal für 10 Minuten einfach nur so hinzuschauen, bevor Sie mit der eigentlichen Beobachtung beginnen. Sollte dann eines der Kinder auf Sie zukommen und versuchen, mit Ihnen zu sprechen oder Ihnen Gegenstände zu zeigen, sagen Sie ihm auf freundliche Weise, daß Sie jetzt nicht mit ihm sprechen können, weil Sie ganz viel schreiben müßten. Die Kinder werden rasch begreifen und Sie in Ruhe beobachten lassen.

Kurz vor Beginn der Beobachtung empfiehlt es sich, einige Notizen zu den Umständen zu machen, unter denen sie verläuft – zum Beispiel, in welcher Art von Raum Sie sich befinden, um wieviel Kinder welchen Alters es sich handelt, wieviel Personal anwesend ist, und welche Aktivitäten gerade stattfinden. Auf diese Weise können Sie Ihre Beobachtungen später besser ein- und zuordnen.

Erstreckt sich die Beobachtung auf mehrere Kinder, so beobachten Sie jedes Kind einige Minuten lang. Das jeweils unter Beobachtung stehende Kind wird als „Zielperson" bezeichnet. Lassen Sie Ihre Aufmerksamkeit nicht von einem Kind zum anderen wandern.

Machen Sie sich bei jedem kommunikativen Ereignis sofort Notizen, und kehren Sie dann zur Beobachtung zurück.

Entwickeln Sie schon im Vorfeld eine eigene Kurzschrift. Nennen Sie beispielsweise das beobachtete Kind *X* und die anderen Kinder, die sich der Zielperson nähern, *A, B* und *C*. Weisen Sie alle beteiligten Erwachsenen durch eine Zahl aus: *1, 2, 3* usw. Verwenden Sie z. B. für spielen *sp*, für geben *g*, für berühren *b*, für lächeln *l*. Dabei sollten Sie nicht zu viele Abkürzungen verwenden, weil Sie sonst in Gefahr geraten, sie zu vergessen. Erstellen Sie schon im voraus eine Liste der Abkürzungen.

Versuchen Sie, bei Ihrer Beobachtung so sachlich wie möglich vorzugehen. Schreiben Sie, was geschieht, und urteilen Sie nicht. Schreiben Sie z. B. „Das Baby weint", statt „Das Baby macht einen schrecklichen Lärm".

Diese Art, Beobachtungen durchzuführen, kann auch beim Betrachten von Personen im Fernsehen eingesetzt werden – einige Übungen empfehlen diese Form des Beobachtens von interpersonaler Kommunikation. In diesem Fall müssen Sie sich darauf einstellen, Ihre Aufmerksamkeit schnell von einer Person auf die andere zu richten, weil Sie im voraus ja nicht wissen können, wann die Szene wechselt.

Sollten Sie Gelegenheit dazu haben, führen Sie die gleiche Beobachtungsübung mehrfach durch, dadurch gewinnen Sie an Erfahrung.

Weniger formelle Beobachtungen

Einige der Empfehlungen in diesem Buch beziehen sich auf weniger formelle Beobachtungen, etwa an öffentlichen Orten wie auf dem Bahnhof oder auf einem Spielplatz im Park. Bei diesen und anderen Gelegenheiten könnte es Schwierigkeiten machen, die Beobachtungen noch vor Ort niederzuschreiben. In solchen Fällen sollten Sie sich so bald wie möglich Notizen darüber machen, was Sie beobachtet und was Sie daraus gelernt haben. Später können Sie das Material dann ausführlich bearbeiten.

An anderen Stellen des Buches wird empfohlen, daß Sie sich gewisser Kommunikationsformen bewußt werden, die um Sie herum auftreten, sei es in der Kindertagesstätte oder im Alltag. Im Mittelpunkt des Interesses stehen dabei z. B. die Art, Fragen zu stellen oder die Reaktionen Erwachsener im Umgang mit Kindern. Dabei ist klar, daß bei ungeplanten Beobachtungen nicht in der gleichen Weise Notizen angefertigt werden können wie bei formellen. In vielen Fällen ist es schlichtweg unmöglich, an Ort und Stelle einen Stift hervorzuholen und sich Notizen zu machen. Dennoch empfiehlt es sich, eine Beschreibung der Beteiligten, den Verlauf der Interaktion sowie jedes Kommunikationsergebnis, das Sie mitbekommen haben, im Nachhinein schriftlich festzuhalten. Wichtig ist es, ein Gespür dafür zu entwickeln, wie Menschen miteinander kommunizieren.

Vertraulichkeit

Niemand sollte anhand der Unterlagen, die Sie über Ihre Beobachtungen anfertigen, zu erkennen sein. Das ist außerordentlich wichtig. Verwenden Sie keine Namen! Dies gilt besonders für die Namen von Kindern und Erwachsenen sowie von Kindertagesstätten, Schulen, Spielgruppen oder anderen Einrichtungen. Es ist immer möglich, daß eine dritte Person Ihre Notizen in die Hände bekommt und die Beteiligten identifizieren kann.

Interpersonale Kommunikation

Im gesamten Buch wird davon ausgegangen, daß die Leserinnen und Leser effizient mit jeder Person kommunizieren möchten, die ihnen begegnet, ganz gleich, ob es sich um Babies, Kinder, Eltern, KollegInnen oder jemand anderes handelt. In diesem Kapitel wird beschrieben, was unter interpersonaler Kommunikation zu verstehen ist, und es erläutert einige Arten der Kommunikation *als Person*. Effizientes Kommunizieren von Angesicht zu Angesicht ist eine befriedigende, interessante und bisweilen recht anspruchsvolle Tätigkeit. Es ist *der* zentrale Prozeß bei der Arbeit mit Kindern in Kinderkrippen und als SpielbegleiterIn, und es ist zuallererst und vor allem *persönlich*. Dieses Buch handelt nicht von schriftlicher Kommunikation, so wichtig diese bei der Weitergabe von Informationen oder für Mitteilungen an Eltern und Mitarbeiter auch sein mag. Briefe, Notizen und Plakate erfordern keine direkte Begegnung zwischen Menschen und sind daher nicht Gegenstand dieses Buches.

Interpersonale Kommunikation findet statt, wenn Menschen – Erwachsene und Kinder – interagieren. Sie sprechen, hören zu, beobachten, reagieren aufeinander und tauschen dabei in mannigfacher Weise alle Arten von Informationen aus. Sie sind einander gewärtig und gegenwärtig. Kommunikation ist die Essenz des sozialen Lebens. Vom Baby-Alter an informieren wir andere Menschen über uns, unsere Bedürfnisse, Gefühle und Vorstellungen. Der Inhalt unserer Kommunikation ist so verschieden wie das Leben selbst, er reicht von unserem wütenden Gebrüll als frustriertes Kleinkind bis zu den ermutigenden Worten, die wir später an die Kinder richten, mit denen wir arbeiten. In gleicher Weise teilen uns andere Menschen, ob Kinder oder Erwachsene, ihre Erfahrungen, ihre Gefühle und ihr Wissen mit.

Es ist hilfreich, sich interpersonale Kommunikation als eine Reihe von Botschaften – Informationen – vorzustellen, die Sie an andere Menschen senden und wiederum von ihnen empfangen, indem Sie einander z. B. sehen, hören oder berühren. So sendet Ihnen beispielsweise ein Kleinkind, das hartnäckig auf einen Hund zeigt, und dabei „Da, da..." sagt, eine Botschaft über etwas, das seine Aufmerksamkeit erregt hat. Vielleicht schaut es in Ihre Richtung, um zu prüfen, ob auch Sie sehen, was es sieht. Wenn Sie seine Botschaft empfangen haben, können Sie ihm eine antwortende Botschaft senden, etwa ein Lächeln, ein Nicken oder ein paar Worte: „Ja, das ist ein Hund."

Ein Zehnjähriger zupft Sie am Arm, um Ihre Aufmerksamkeit zu erregen und hält Ihnen wortlos, aber mit großer Begeisterung das soeben fertiggestellte Holzmodell einer Lokomotive entgegen – die Bemalung ist noch feucht. Die damit verbundene Botschaft kann äußerst vielschichtig sein: Vielleicht ist es der Stolz über das Erreichte und das Vertrauen darauf, daß Sie verstehen und diesen Stolz teilen.

Als menschliches Wesen bedienen Sie sich zur Kommunikation eines ausgefeilten Instrumentariums, sowohl für das Senden als auch für den Empfang von Informationen. Sie nutzen Gesicht, Körper und Stimme zum Aussenden von Botschaften, und Sie verwenden Ihre Sinne – Sehen, Hören und Fühlen – für den Empfang. All dies unterliegt der Innensteuerung durch das Gehirn, im gleichen Maß aber auch der Außensteuerung durch all Ihre bisherigen Erfahrungen mit menschlicher Kommunikation, so daß Sie eingehenden Botschaften eine Bedeutung zuordnen und abgehende koordinieren können.

Das ist aber noch nicht alles. Bedenken Sie, daß Kommunikation ein Austausch ist, und daß daran immer mindestens zwei Personen beteiligt sind. Stellen Sie sich jemanden vor, der im Badezimmer allein eine Rede hält, oder ein Kind, das im Versteck, wo niemand es sehen kann, allein vor sich hinlächelt: Wie ausdrucksstark auch immer die Worte oder das Lächeln sein mögen – diese beiden kommunizieren nicht, weil niemand dem Redner im Badezimmer zuhört und niemand das Kind dabei beobachtet, wie es sein Glück zeigt.

Früher gab es bei der Arbeit in Kindertagesstätten ein weitverbreitetes Sprichwort: „Bade das Kind in Sprache." Es ist für ein Kind sicherlich notwendig, Sprache zu hören, um sprechen und verstehen zu lernen. Das Überfluten mit Sprache ist jedoch nicht dasselbe wie eine effiziente Kommunikation. Wenn Kinder etwas nicht verstehen oder nicht zuhören möchten, bleibt die Botschaft, die Sie übermitteln wollen, blockiert. Ähnlich ist es auch bei Erwachsenen, denen Sie bei der Arbeit begegnen. Mit ihnen zu kommunizieren bedeutet mehr, als ihnen bloß etwas mitzuteilen. Solange sie nicht ihren Teil zur Kommunikation beitragen und Ihnen zuhören, gibt es keine Kommunikation – oder das, was Sie ihnen mitteilen möchten, wird verzerrt. Kom-

Ebenso wie durch Worte werden Botschaften durch Berührung, Laute, Gestik und Gesichtsausdruck übermittelt.

munikation findet statt, wenn jemand eine Botschaft sendet und jemand anderes sie empfängt. Sie beruht auf Gegenseitigkeit.

Sie übernehmen Ihren Anteil an der Kommunikation, indem Sie anderen zuhören und ihnen Aufmerksamkeit widmen, wenn sie mit Ihnen kommunizieren – nicht nur, indem Sie mit ihnen sprechen. Sorgfältiges Zuhören sowie Empfänglichkeit für die Gefühle und Standpunkte der anderen drücken Respekt für Ihr Gegenüber und Offenheit für dessen Botschaften aus.

> ■ Gehen Sie an einen Ort, wo Kinder und Erwachsene zusammenkommen, und verbringen Sie dort eine halbe Stunde mit dem Beobachten interpersonaler Kommunikation. Das könnte z. B. ein Kindergarten, ein Kinder-Club, ein Sandkasten im Park oder ein Spielplatz sein. Achten Sie auf Kommunikationen zwischen Kindern und Erwachsenen und besonders darauf, wer jeweils damit beginnt: das Kind oder der Erwachsene?
>
> ■ Achten Sie darauf, wieviel verschiedene Möglichkeiten – abgesehen von Worten – Menschen haben, um miteinander zu kommunizieren. Ist die betreffende Kommunikation erfolgreich, das heißt, erreichen die Menschen einander, oder ist das nicht der Fall?
>
> ■ Was haben Sie herausgefunden?

1.1   Nonverbale Kommunikation

Nach der oben beschriebenen Übung ist Ihnen vielleicht klarer geworden, welcher Mittel sich Erwachsene und Kinder bei der Kommunikation bedienen. Verbale Kommunikation ist ohne Zweifel wichtig, aber es gibt noch viele andere Wege, um Menschen wissen zu lassen, was wir denken und fühlen, und diese Wege werden oft wesentlich häufiger gewählt als Worte. Sie werden als nonverbale Kommunikation bezeichnet.

Nonverbale Botschaften werden übermittelt durch:

■ Stimme,

■ Gesicht und

■ Körper.

1.1.1   Die Stimme als Bedeutungsträger

Die Art wie jemand spricht wirkt sich auf die Bedeutung der verwendeten Worte aus. Probieren Sie das einmal aus, indem Sie die Frage „Möchtest du schwimmen gehen?" laut aussprechen – und zwar so, daß sie Ihrem Gegenüber unterschiedliche Botschaften vermittelt. Zum Beispiel:

■ „Ich habe Lust, etwas mit Dir zu unternehmen."

■ „Ich langweile mich."

■ „Ich glaube, du hast mich beim ersten Mal nicht verstanden."

■ „Ich bin in Eile."

Sie werden feststellen, daß die gleichen Worte – je nachdem, wie jemand seine Stimme dabei klingen läßt – sehr unterschiedliche Bedeutungen annehmen können. Machen Sie sich ein paar der folgenden Punkte im Sprachverhalten Ihrer Gesprächspartner bewußt, wenn Sie ihnen zuhören:

- die Geschwindigkeit, mit der sie sprechen: schnell, langsam, schneller bzw. langsamer werdend;
- die Pausen und das Zögern beim Sprechen;
- die Lautstärke: laut, brüllend, leise, sehr leise, flüsternd, unhörbar;
- die Stimmlage: hoch, kreischend, niedrige oder mittlere Tonlage;
- die Modulation, d. h. das Steigen und Fallen der Stimme;
- die Betonung bestimmter Worte.

1.1.1.1 Laute, die keine Worte sind

Um anderen Botschaften zu übermitteln, geben Menschen jeden Alters Laute von sich, die keine Worte darstellen. Dazu gehören Seufzen, Kreischen, Lachen, Stöhnen, Gähnen und Schreien. Vielleicht haben Sie schon bemerkt, daß Kinder im Vergleich zu Erwachsenen weniger Hemmungen haben, ihre Stimme auf diese Weise zu gebrauchen. Denken Sie nur an einen Augenblick großer Aufregung auf einem Abenteuerspielplatz oder an eine Auseinandersetzung zwischen Kleinkindern in einer Kindertagesstätte.

1.1.1.2 Stimmführung

Wer empfänglich dafür ist, wie die Stimme eingesetzt wird, erfährt eine Menge darüber, wie sich Kinder oder Kolleginnen und Kollegen fühlen. Menschen im Besitz dieser Fähigkeit erkennen zum Beispiel lediglich anhand des veränderten Lachens und Kreischens eines Babys, daß es bei einem heftigen Geknuddel nicht mehr glücklich und aufgeregt ist, sondern kurz davor steht, ängstlich zu werden. Lassen Sie es also etwas sanfter angehen, und beruhigen Sie das Kind.

Vielleicht unterhalten Sie sich auch mit einer Mutter, die ruhig, langsam und zögernd antwortet und nur wenig Betonung ihre Worte legt. Sie erkennen, daß sie niedergeschlagen ist und sprechen mit sanfter Stimme zu ihr. Vermutlich ist jetzt nicht der richtige Augenblick, sie mit einer weniger bedeutsamen Information über ihr Kind zu belasten.

Beobachtung

- Schauen Sie sich im Fernsehen 15 Minuten lang ein Bühnenstück oder eine Seifenoper an, und achten Sie dabei besonders auf eine der Hauptrollen und darauf, wie diese Person ihre Stimme einsetzt. Achten Sie besonders auf Geschwindigkeit, Pausen, Lautstärke, Stimmlage und Modulation.
- Was wird den ZuschauerInnen durch die Art, wie die SchauspielerIn ihre Stimme einsetzen, vermittelt?

1.1.2   Das Gesicht als Bedeutungsträger

Ob wir wollen oder nicht, das Gesicht kann eine Vielzahl von Inhalten vermitteln. Manche Menschen sind in der Lage, ihre Mimik zu kontrollieren und tragen ein beunruhigendes „Pokerface" zu Schau. Andere haben sehr bewegliche Gesichter, auf denen sich flüchtige Gedanken und Gefühle deutlich abzeichnen. Die folgenden Abbildungen zeigen einen kleinen Ausschnitt des

Das Gesicht vermittelt eine Menge Informationen über die Gefühle eines Menschen.

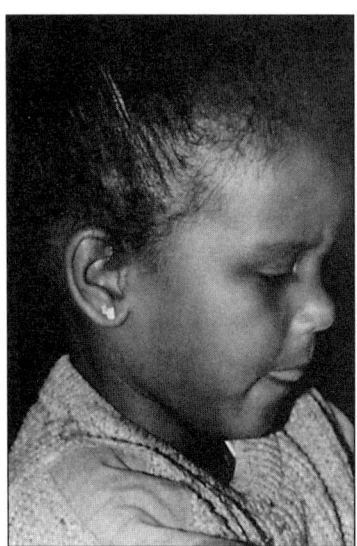
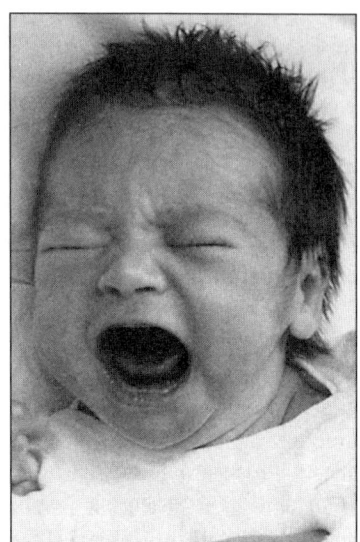

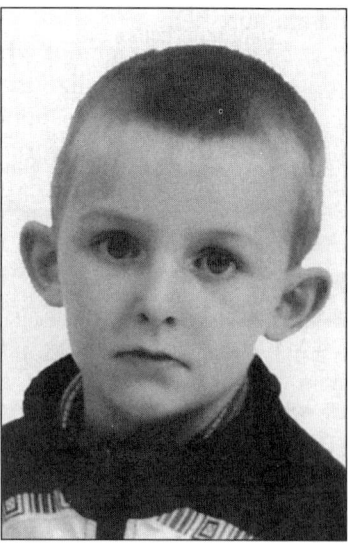

Spektrums an Gesichtsausdrücken, die Ihnen bei der Arbeit begegnen können, sei es bei Ihren Kolleginnen und Kollegen, bei freiwilligen Hilfskräften, Eltern oder Kindern. Was bedeutet der jeweilige Gesichtsausdruck Ihrer Ansicht nach? Fällt es leicht, sie zu interpretieren?

Lächeln, Starren oder Stirnrunzeln, all das sind häufige und wichtige Arten der Kommunikation unter Verwendung des Gesichts:

■ *Lächeln* bedarf keiner Erläuterung. Wir alle haben es ab einem Alter von ein paar Monaten getan, und die Botschaften, die durch ein Lächeln übermittelt werden, sind meistens eindeutig: Ich bin glücklich, erfreut, freundlich... Es sind positive, warmherzige Botschaften. Wir erkennen auch ein unehrliches Lächeln sofort. Es kommt eher aus dem Kopf als aus dem Herzen und erfaßt den Mund, aber – und das macht frösteln – nicht die Augen.

■ *Starren* bedeutet, jemandem direkt ins Gesicht, vielleicht in die Augen zu blicken. Häufig starren wir, ohne es zu merken; gewöhnlich sehen Sie jemandem ins Gesicht, der gerade spricht, wenn Sie sich für seine Worte interessieren – den Blick abzuwenden könnte die sprechende Person irritieren.

Im nächsten Kapitel werden wir sehen, daß das Lächeln von Babies oder ihr starrer, auf die Augen des Kommunikationspartners gehefteter Blick eine wichtige Rolle bei der gegenseitigen Übermittlung von Botschaften spielt.

■ Wenn jemand die Augenbrauen zusammenzieht und dabei ein *Stirn-runzeln* zeigt, so kann dies auf Verwirrung, Besorgnis oder Verärgerung hindeuten. Auf den ersten Blick kann leicht der Eindruck entstehen, als ob jemand ungehalten über etwas sei, obwohl das Stirnrunzeln in Wirklichkeit Besorgnis ausdrückt. Berücksichtigen Sie daher alle Umstände, bevor Sie voreilige Schlußfolgerungen daraus ziehen. Ist ein Vater verärgert über etwas, das Sie über sein Kind gesagt haben, oder könnte es sein, daß Sie in ihm Besorgnis geweckt haben?

Beobachtung

> Schauen Sie sich im Fernsehen 15 Minuten lang ein Bühnenstück oder eine Seifenoper an, aber stellen Sie dabei den Ton ab. Konzentrieren Sie sich darauf, wie die Schauspieler und Schauspielerinnen ihr Gesicht einsetzen. Wie leicht fällt es Ihnen, der Handlung ohne Worte zu folgen? Ist den unterschiedlichen Rollen ein unterschiedliches Spektrum von Gesichtsausdrücken eigen? Welche Gesichtsausdrücke vermitteln die klarsten Botschaften?

1.1.3   Der Körper als Bedeutungsträger

Viele Botschaften werden durch die Art übermittelt, wie wir unseren Körper einsetzen. Wir berühren, wenden uns ab, stehen jemandem gegenüber, in seiner Nähe oder entfernen uns und vollführen Bewegungen und Gesten. All dies sind Komponenten der Körpersprache.

1.1.3.1   Berührung

Die unmittelbarste Form der Übermittlung von Botschaften ist die Berührung. In verschiedenen Ländern gelten Berührungen in jeweils unterschiedlichem Ausmaß als angebracht. So ist die Kommunikation durch Berühren in Großbritannien beispielsweise mit Ausnahme des konventionellen Händeschüttelns nur Menschen vorbehalten, die einander gut kennen. In Zusammenhang mit gewissen beruflichen Tätigkeiten, etwa beim Friseur oder in der Medizin, ist es den in diesen Bereichen Beschäftigten dagegen „gestattet", Menschen zu berühren, mit denen sie nicht in enger persönlicher Beziehung stehen. Es gibt auch Gelegenheiten, bei denen sich eine Berührung nicht vermeiden läßt, beispielsweise in öffentlichen Verkehrsmitteln zu Stoßzeiten. Die Betreffenden sind einander fremd und betrachten den Körperkontakt nicht als Form persönlicher Kommunikation. In anderen Kulturen, etwa im arabischen Raum, spielt Berührung eine wesentlich größere Rolle in der alltäglichen Kommunikation – auch bei Menschen, zwischen denen keine enge Beziehung besteht.

Selbst in einer Gesellschaft, in der es weniger üblich ist, sich zu berühren, hat jede Person ihren eigenen Stil. Manche legen einem Freund oder einer Freundin glücklich den Arm um die Schulter oder drücken sie herzhaft an sich, um ihr Vergnügen deutlich zu machen, andere verhalten sich weniger demonstrativ und greifen eher auf Worte oder ein Lächeln zurück, um ihre Gefühle auszudrücken.

Bei Ihren Interaktionen mit Kindern, besonders mit kleinen Kindern, kann Berührung ein wichtiges Element der Kommunikation sein. Für Beschäftigte in einer Kindertagesstätte erfordert bereits der Windelwechsel, das Waschen, Kleiden und Füttern engen Körperkontakt und körperliche Nähe. Wie Sie diese körperliche Fürsorge ausführen, vermittelt dem Kind, wie Sie ihm gegenüber eingestellt sind, und was Ihnen als Routineaufgabe erscheinen mag, ist es nicht notwendigerweise auch für das Kind. In diesen Augenblicken richtet sich Ihre Aufmerksamkeit eher auf ein einzelnes Kind als auf die Gruppe, und deswegen bietet sich eine ideale Gelegenheit, mit dem Kind zu sprechen und es kennenzulernen. Sie sollten dabei jedoch nicht in Zeitnot sein und außerdem die Routineaufgaben der Fürsorge unter dem Aspekt sehen, daß sie Ihnen eine einzigartige Möglichkeit zur Kommunikation bieten, die sie beide genießen können.

Sie können dabei darüber sprechen, was Sie gerade tun, sich Zeit nehmen, um Fragen zu beantworten, Lieder singen und Spiele machen. Wenn Sie ein Kind anziehen, kann das genau der richtige Zeitpunkt sein, um Fingerspiele zu machen, Zehen zu zählen oder es auf den Knien zu schaukeln und „Hoppe, hoppe Reiter...“ zu spielen. Über die Berührung bei der Körperpflege hinaus ist Körperkontakt ein notwendiger Bestandteil beim Spielen und in der Kommunikation, vor allem mit Babies und Kleinkindern. Streicheln, In-den-Arm-Nehmen, Knuddeln, Im-Arm-Halten, mit dem Kind Auf-und-ab-Hopsen und Schaukeln – all das vermittelt den Kindern wichtige Botschaften. Sie sagen ihnen unmittelbar, daß Sie sie akzeptieren, ihnen warmherzige Gefühle entgegenbringen und ihre Gesellschaft genießen.

Leider kann auch das Gegenteil zutreffen: Berührung kann viele unterschiedliche Botschaften vermitteln. Sie kann spielerisch, sanft, fest, unaufmerksam und rauh sein. Sie kann zeigen „Ich mag dich“ oder „Du bist eine Last, und ich wünschte, es wäre vorbei“, aber auch „Ich weiß Bescheid, und du bist in meinen Händen sicher“. Kinder sind sich der Gefühle bewußt, die Betreuungspersonen ihnen gegenüber hegen. Zuneigung zu Kindern und die Freude am Umgang mit ihnen bilden daher unabdingbare Schlüsselqualifikationen für die professionelle Kinderbetreuung.

Janey mag ihre Arbeit, aber es ist da ein 2jähriger Junge neu in ihre Gruppe gekommen, der ihr wirklich auf die Nerven geht. Wie es scheint, will er sich nicht anziehen lassen, und er läßt den Kopf hängen, wenn sie sich ihm nähert. Mit der Zeit wird sie sich dessen immer mehr bewußt. Was könnte sie tun?	**Zum Diskutieren oder Nachdenken**

1.1.3.2 Unerwünschte Berührung

Seit den späten 80er Jahren ist das Thema sexueller Mißbrauch zunehmend ins öffentliche Bewußtsein gerückt. Sexueller Mißbrauch wird von Fremden seltener begangen als von Erwachsenen, die den Kindern bekannt sind, etwa von Mitgliedern und Freunden der Familie. Fälle, an denen Betreuungspersonal von Kindergärten oder Spielgruppen beteiligt war, sind sehr selten. Dennoch muß die Leitung von Kindergärten und Spieleinrichtungen auf diese Möglichkeit achten – wie unwahrscheinlich sie auch sei – und die nötigen Schritte unternehmen, um jegliches Risiko zu vermeiden. Geeignete Maßnahmen sind:

- das Überprüfen des polizeilichen Führungszeugnisses auf einschlägige Verurteilungen, obwohl für Einrichtungen im privaten und ehrenamtlichen Bereich dazu keine Verpflichtung besteht;
- die Aufforderung an die Mitarbeiter, alle Vorstrafen anzugeben;
- das Prüfen der beruflichen Biographie auf nicht erklärte Lücken;
- das Überprüfen von Referenzen.

Die begleitende Supervision des Personals und der freiwilligen Helfer bietet ebenfalls einen wichtigen Schutz. Im Idealfall sollten alle Einrichtungen für Kinderbetreuung hinsichtlich des Körperkontaktes von Erwachsenen mit Kindern eine klare Politik betreiben, diese dem Personal wie den freiwilligen Helfern vermitteln und sie mit ihnen diskutieren.

All dies ist notwendig. Es wäre jedoch schlecht, wenn solche Vorsichtsmaßnahmen dazu führen würden, daß die BetreuerInnen beim Umgang mit den Kindern ständig aufpassen und es nicht wagen, sie auch nur anzurühren. Eine Berührung, ob sie in einer Umarmung besteht oder darin, jemandem den Arm um die Schulter zu legen, ist oft die beste Möglichkeit, auf ein Kind zu reagieren – mag es nun traurig oder sehr glücklich sein. In solchen Fällen müssen die BetreuerInnen sich selbst und ihren eigenen Reaktionen vertrauen.

Im Laufe der kindlichen Entwicklung, beginnend vom Säugling und Kleinkind, durch die frühen Schuljahre hindurch bis hin zum Jugendalter, werden gelegentliche freundschaftliche Berührungen zwischen Kindern und Erwachsenen außerhalb der Familie langsam seltener und erscheinen immer weniger angebracht. Schließlich herrscht in etwa dasselbe Verhältnis wie zwischen Erwachsenen. BetreuerInnen, die sensibel auf Kinder reagieren, spüren auch – vielleicht sogar, ohne es zu merken – ob ein Kind den Körperkontakt akzeptiert oder zurückweist. Selbst sehr kleine Kinder mögen es nicht immer, von Menschen berührt zu werden, die ihnen nicht vertraut sind. Das sollte stets respektiert werden. Vielleicht erinnern Sie sich noch daran, wie unangenehm es Ihnen war, von Verwandten geküßt zu werden, die Sie kaum kannten.

Wenn man Kinder als Individuen mit eigenen Rechten – einschließlich des Rechts, in allen sie betreffenden Angelegenheiten gehört zu werden – behandelt, dann verstehen sie irgendwann, daß sie auch das Recht haben, bei unerwünschten Berührungen „Nein" zu sagen. Dies trifft auch auf das Berührtwerden durch andere Kinder zu. Es ist für Kinder wichtig zu spüren, daß sie einem verantwortlichen Erwachsenen zwanglos alles erzählen können, was ihnen Unbehagen bereitet. Damit das geschieht, müssen sie jedoch dauerhaft Gehör finden und in der Kommunikation als Partner respektiert werden. Es geht nicht an, sie als bloße Untergebene der Erwachsenen oder des Personals zu betrachten. Wie man Kindern zuhören soll, ist ein wichtiges Thema dieses Buches, auf das wir in späteren Kapiteln zurückkommen.

Es kann vorkommen, daß Kinder oder Jugendliche erwachsene Betreuer in einer Weise berühren, die letztere als unpassend empfinden. Ist dies der Fall, sollte klargestellt werden, daß ein derartiges Verhalten nicht angebracht ist. Wie dies geschieht, hängt vom Alter des Kindes ab. Eine einfache Bewegung wie etwa das Fortnehmen einer Hand kann genügen. Es kann auch sein, daß eindeutige verbale Botschaften vermittelt werden müssen (s. a. S. 124-126 zum Stichwort „Grenzen setzen"). Ausgenommen bei Vorfällen mit Babies oder sehr kleinen Kindern ist es oft empfehlenswert, den Vorfall jemandem zu melden, der eine übergeordnete Funktion ausübt.

1.1.4   Weitere Formen der Körpersprache

Abgesehen von Berührung gibt es drei weitere wichtige Möglichkeiten, um vermittels der Körpersprache zu kommunizieren.

1.1.4.1   Ausrichtung des Körpers

Die Ausrichtung des Körpers weist darauf hin, inwieweit Sie sich einem Menschen kommunikativ zuwenden oder nicht. In diesem Zusammenhang geht es darum, ob Sie

- ihm gegenüberstehen,
- über die Schulter mit ihm sprechen,
- ihm den Rücken zuwenden oder
- ihn überhaupt nicht anschauen.

Die Ausrichtung des Körpers vermittelt ihre eigenen Botschaften.

Stellen Sie sich den Betreuer einer Spielgruppe für Kleinkinder vor, der Essen ausgibt. Ein kleiner Junge kommt zu ihm hingelaufen und zupft ihn am Hosenbein. Der Betreuer spricht nur über die Schulter mit dem Kind, ohne sich nach ihm umzuwenden. Dieses Verhalten übermittelt die Botschaft, daß er im Augenblick nicht willens oder nicht in der Lage ist, sich dem Kind voll zuzuwenden.

Anhand der Körperausrichtung ist es möglich, Informationen darüber zu gewinnen, welche Einstellung andere Personen Ihnen gegenüber haben. Ein Kind, das aus einer Notsituation heraus in einer Kindertagesstätte abgeliefert wurde, und dessen Eltern keine Gelegenheit mehr hatten, es darauf vorzubereiten, wendet sich ab und läßt den Kopf hängen, wenn Sie sich ihm nähern. Sie erkennen, daß es sich noch fremd fühlt und taktvoller Aufmerksamkeit bedarf.

1.1.4.2 Nähe und Distanz

Der Abstand, den Menschen voneinander halten sowie jede Veränderung in dieser Hinsicht kann aufschlußreiche Botschaften bezüglich ihrer Gefühle vermitteln. In manchen Gesellschaften stehen oder sitzen Erwachsene recht nahe beieinander, in anderen wahren sie Distanz, es sei denn, sie befinden sich im Kreis von Freunden oder Verwandten. Sie können sich ziemlich bedroht fühlen, wenn jemand anderes ihnen zu nahe kommt. Kommunizieren jedoch ein Kind und ein Erwachsener miteinander, kommen sie sich oft recht nahe, wenn sie sich gut kennen.

1.1.4.3 Körperbewegungen und Gesten

Körperbewegungen und Gesten haben ihre Bedeutung. Es gibt viele verschiedene Möglichkeiten, mit ihrer Hilfe Botschaften zu übermitteln. Stellen Sie sich vor, jemand winkt, schüttelt die Faust, zappelt aus Langeweile oder Unbehagen oder stampft vor Wut mit dem Fuß auf den Boden. Manche dieser Gesten werden bewußt ausgeführt, wie z. B. das Winken oder Auf-etwas-Zeigen, bisweilen nehmen die Betreffenden jedoch gar nicht wahr, daß ihre Bewegungen Botschaften übermitteln. Nehmen wir an, eine Mutter lächelt, als Sie zu ihr sagen, es tue Ihnen leid, daß sie warten mußte, und sie antwortet: „Kein Problem, ich hab's nicht eilig." Gleichzeitig verrät sie jedoch ihre wahren Gefühle, indem sie ungeduldig mit der Fußsohle auf den Boden klopft.

An dieser Stelle ist eine Mahnung zur Vorsicht angebracht: Es ist nicht immer leicht, nonverbale Kommunikation zu interpretieren, und Sie sollten stets auch andere Aspekte des Geschehens berücksichtigen, bevor sie voreilig Bedeutung in einen körpersprachlichen Akt hineinlegen. In dem genannten Beispiel könnte es z. B. sein, daß die Mutter den Fuß im Takt eines Musikstücks bewegt, das gerade im Radio gespielt wird, und dann hätte diese Bewegung eine völlig andere Bedeutung, als sie angenommen haben.

Bringen Sie 15 Minuten an einem öffentlichen Ort zu, z. B. auf einem Bahnhof, in einem Park oder einem Einkaufszentrum, und beobachten Sie, wie die Menschen ihren Körper zur Kommunikation einsetzen.
- ▨ Beobachten Sie ihren Gesichtsausdruck, die Hände und Füße.
- ▨ Wie nahe kommen sie sich?
- ▨ Berühren sie sich?
- ▨ Wie richten sie sich aufeinander aus?

Während der Beobachtung stellen Sie sich bitte zwei Fragen: Was erfahren Sie aus der Körpersprache über die Beziehung, in der die Menschen zueinander stehen? Welche Gefühle werden ausgedrückt?

Beobachtung

- ▨ Warum ist das Wissen um interpersonale Kommunikation wichtig für das Personal einer Kindertagesstätte?
- ▨ Während einer Sommerfreizeit, bei der die Organisatoren sich der Problematik des Kindesmißbrauchs sehr bewußt waren, wurde den BetreuerInnen gesagt, daß sie um ihrer selbst willen niemals ein Kind berühren sollten, es sei denn, sie wüßten von vornherein, warum – etwa um es zu trösten oder ihm den Gebrauch der Schaukel oder den Umgang mit einer Verletzung zu zeigen. Als Grund wurde angegeben, sie hätten dann eine Erklärung für den Fall, daß ein Kind oder dessen Eltern später Klage erheben würden.
- ▨ In einem anderen Fall handeln die BetreuerInnen genau entgegengesetzt: sie umarmen die Kinder häufig, küssen sie oder halten sie auf den Knien, um sie zu trösten oder ihnen ihre Zuneigung zu zeigen. Sie sehen ihre Beziehung zu den Kindern als eine persönliche, die ein gewisses Maß an Intimität mit einschließt.

Welche Vor- und Nachteile haben die beiden Vorgehensweisen?

Zum Diskutieren oder Nachdenken

- ▨ Interpersonale Kommunikation findet statt, wenn Menschen – Erwachsene, Kinder, Babies – zusammen sind und Botschaften zwischen ihnen ausgetauscht werden.
- ▨ Die Botschaften können sich auf Gedanken, Gefühle, Tatsachen oder eine Mischung daraus beziehen. Auch eine Frage ist eine Botschaft, nämlich eine Bitte um Information.
- ▨ Die beiden Hauptformen der Kommunikation sind die verbale und die nonverbale Kommunikation.
- ▨ Verbale Kommunikation beruht auf dem gesprochenen Wort (soweit sie in diesem Buch behandelt wird).
- ▨ Nonverbale Kommunikation umfaßt alle Botschaften, die nicht aus Worten bestehen, obwohl Worte als Begleiterscheinung derartiger Botschaften auftreten können.
- ▨ Nonverbale Kommunikation ist die Art und Weise, wie Menschen durch Stimme, Gesichtsausdruck und Körper Bedeutungsgehalte übermitteln.

Interpersonale Kommunikation – Kernpunkte

2 Präverbale Kommunikation

Dieses Kapitel richtet sich vor allem an Personen, die Babies betreuen, denn auch Babies können kommunizieren. Natürlich können sie keine Worte verwenden oder – um damit zu beginnen – Worte verstehen. Statt dessen stehen ihnen andere Formen der Kommunikation zur Verfügung. Kommunikation in diesem Alter wird als *präverbal* bezeichnet, weil sie stattfindet, bevor das Baby sprechen kann. Von Anfang an scheinen Babies geradezu für die Kommunikation mit den sie versorgenden Erwachsenen gemacht; sie sind außerordentlich gesellige Wesen. Dies erleichtert die Arbeit mit Babies erheblich. Es wird Ihnen nicht schwerfallen, bei Routineaufgaben wie Füttern, Baden oder Windelwechsel auf ein Baby einzugehen oder selbst die Initiative zu ergreifen. Zusammen mit seinen Eltern werden Sie Ihre Rolle bei seiner Einführung in die reichen Erfahrungen menschlicher Kommunikation spielen. Babies kommen mit einem großen Kommunikationspotential zur Welt, deswegen lernen sie durch die Interaktion mit Ihnen und anderen, die für sie sorgen. Ein einleuchtendes Beispiel dafür ist die Tatsache, daß sie Worte und deren Gebrauch lernen, weil Sie und andere mit ihnen sprechen.

Mit den Jahren wächst ihr Kommunikationspotential, gemeinsam mit zunehmender Erfahrung und geistiger Entwicklung. Als BetreuerIn in einem Kindergarten haben Sie bedeutenden Anteil daran, sie immer besser in die Lage zu versetzen, effizient zu kommunizieren.

2.1 Was Babies zur Kommunikation fehlt

Um effizient zu kommunizieren, muß die betreffende Person ihre Kommunikation kontrollieren können und auch die *Absicht* haben, zu kommunizieren.

Babies haben keine Absichten in dem Sinne, wie wir dieses Wort gewöhnlich verstehen; sie durchdenken Dinge nicht und machen auch keine Pläne, was sie tun werden oder wie sie es tun werden.

Um effizient zu kommunizieren, muß die betreffende Person über die erforderlichen Mittel – z. B. Sprache oder Gesten – verfügen, um die beabsichtigte Botschaft weiterzugeben. Babies müssen die zur Übermittlung von Bedeutungsgehalten verwendeten Worte und Gesten erst noch lernen.

Um effizient zu kommunizieren, müssen Menschen in der Lage sein, den Standpunkt des Gegenübers zu verstehen, damit ihre Botschaft zu ihm durchdringt. Gute Kommunikatoren versuchen sicherzustellen, daß sie richtig verstanden werden. So sprechen sie beispielsweise mit gehörgeschädigten Personen deutlicher und verwenden im Gespräch mit Kindern einfachere Worte. Selbst ein kleines Kind tut dies, indem es zu einem jüngeren Brüderchen oder Schwesterchen in einfacheren Worten spricht. Aufgrund ihres eingeschränkten Begriffsvermögens dauert es Monate, bevor ein Baby erkennt, daß andere Menschen eine von ihm getrennte Existenz führen. Daher entwickelt sich die Fähigkeit, Dinge vom Standpunkt einer anderen Person aus zu sehen, nur langsam – obwohl es Anzeichen dafür gibt, daß dieser Prozeß bereits im zweiten Lebensjahr beginnt.

2.2   Babies und präverbale Kommunikation

Von Geburt an sind Babies dafür ausgerüstet, genau die Erfahrungen zu machen, die den Weg zur Kommunikation ebnen:

- Ein Baby findet Sie und andere Menschen, die es versorgen, faszinierend. Es fühlt sich vom Anblick Ihres Gesichts und Ihres Mienenspiels angezogen. Ein Gesicht besitzt genau jene Art von einfachem Muster und starken Kontrasten zwischen Hell und Dunkel, die seine Aufmerksamkeit erregen. Augen sind besonders fesselnd, weil sie glitzern und sich bewegen.
- Ein Baby achtet auf den Klang der menschlichen Stimme, vor allem, wenn sie in der besonderen Art eingesetzt wird, in der Menschen mit einem Baby sprechen (s. S. 27).

Babies werden jedoch nicht nur von Ihrem Gesicht und Ihrer Stimme gefesselt. Sie versuchen von sich aus, Sie in eine Kommunikation hineinzuziehen, Ihre Aufmerksamkeit zu gewinnen und Sie dadurch zum Verweilen, Spielen und Sprechen zu bewegen. Ein Baby lernt rasch, daß seine Handlungen zu Konsequenzen führen und sich auf andere Menschen auswirken. In den ersten Monaten sind Sie sein unwiderstehliches Spielzeug: interessant und neuartig, aber auch irgendwie kontrollierbar.

Im gesamten Tierreich haben die Merkmale und das Verhalten von Jungtieren eine vorhersehbare Wirkung auf die erwachsenen Exemplare einer Art, wodurch diese weiter bestehen kann. Denken Sie daran, wie ein Vogelweibchen vom Instinkt dazu gedrängt wird, einem Jungvogel Futter in den geöffneten Schnabel zu stopfen. Beim Menschen scheinen ähnliche Prozesse am Werk zu sein. Betrachten wir nun einige Beispiele nonverbaler, in Wirklichkeit jedoch präverbaler Kommunikationsformen, mit denen ein Baby Ihre Aufmerksamkeit erregt und bindet – und wie es auf Sie reagiert.

2.2.1 Aussehen

Bei vielen Menschen löst das Erscheinungsbild eines Babys – große Augen und Stirn, winzige Nase und später der schwankende Gang – ein Gefühl der Zärtlichkeit aus und den Wunsch, es zu beschützen. Dieses Erscheinungsbild ist eines der Signale, die dazu führen, daß Erwachsene sich um Babies kümmern und auf sie eingehen, und das sie dazu bewegt, mit ihm zu kommunizieren.

2.2.2 Weinen und Schreien

Sobald ein Neugeborenes weint oder schreit, kommt gewöhnlich jemand, um es zu trösten, zu füttern oder ihm seine Aufmerksamkeit zuzuwenden. Das ist eine bedeutende Lernerfahrung für das Baby: es beginnt, ein wenig Kontrolle über seine Umgebung zu erlangen. Babies, die man ständig weiter weinen oder schreien läßt, versäumen einen wichtigen Lernschritt.

2.2.3 Der Blick in Ihre Augen

Ihr Gesicht und vor allem Ihre Augen sind für ein Baby faszinierend. Es hält Ihren Blick mit seinen Augen in einer Weise fest, die unwiderstehlich sein kann und Sie zum Sprechen und Spielen bringt. Wenn es dann genug hat oder sich ein paar Sekunden ausruhen möchte, werden Sie feststellen, daß es die Augen abwendet – solange, bis es wieder zur Interaktion bereit ist. Erwachsene, die für die Signale eines Babys sensibilisiert sind, versuchen nicht, Spiele oder Unterhaltungen länger fortzusetzen, als das Baby dies möchte.

2.2.4 Lächeln

Etwa im Alter von 2 oder 3 Monaten finden Babies eine neue und vergnügliche Möglichkeit, Ihre Aufmerksamkeit zu erregen und Sie in eine Interaktion hineinzuziehen: das erste wirklich soziale Lächeln, wenn sie Ihnen in die Augen schauen. Vielleicht haben Sie auch früher schon ein Lächeln bemerkt. Es handelte sich dabei jedoch stets um eine Reaktion auf Sinneseindrücke im Verdauungstrakt. Erwachsene freuen sich sehr über das Lächeln eines Babys und tun eine Menge, um es dazu zu bringen.

Babies haben ihre eigenen Möglich-keiten, mit Erwachsenen in Kontakt zu treten.

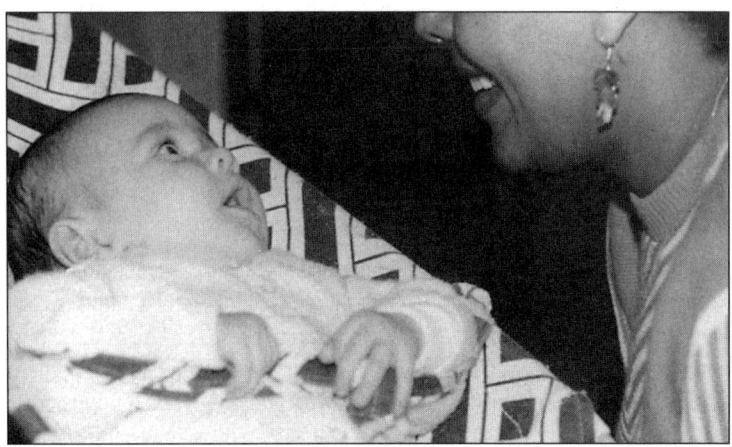

2.2.5 Lachen

Ein paar Wochen nach dem ersten Lächeln kommt das Lachen. Das Lachen eines Babys kann Sie sofort in ein Spiel hineinziehen – zur großen Freude beider Seiten. Andere Zeichen des Vergnügens sind das Sich-Winden und Quietschen vor Freude, wenn Sie sich ihm nähern – und dann der besondere Augenblick, an dem ein Baby zum ersten Mal die Ärmchen ausstreckt, um auf den Arm genommen zu werden.

2.2.6 Laute

Am Anfang gibt ein Baby ziemlich wahllose und nicht sehr eindeutige Laute von sich. Mit etwa 4–5 Monaten beginnt es zu gurren und mag es, wenn Sie darin einstimmen, ihm diese Laute zurückspiegeln und Ihren Teil der Unterhaltung übernehmen. Wenn Sie mit gutem Beispiel vorangehen, können Sie Babies in diesem Alter dazu bringen, solche Laute nachzuahmen, sobald sie in der Lage sind, sie selbständig hervorzubringen. Darüber hinaus entwickeln Babies eine Reihe durchaus ungestümer Laute: Plappern, Schnauben oder sogar ohrenbetäubenden Lärm. All das soll Sie einladen, am Spaß teilzuhaben.

Achten Sie auf die kleinen Bewegungen, die Babies mit Lippen und Zunge machen: sie schieben die Zunge zwischen den „Zähnen" hindurch, legen die

Lippen aufeinander und atmen aus, wobei eine kleine Speichelblase hervor-tritt. Diese Bewegungen, bei denen die Atmung mit der Führung von Zunge und Lippen koordiniert wird, sind Teil der ersten Bemühungen eines Babys, Sprache hervorzubringen.

Mit 7 Monaten geben Babies Laute von sich, die denen der Erwachsenen-sprache schon ähnlicher sind: mit den Lippen produzieren sie Konsonanten wie *b* und mit der Zunge solche wie *d*. Auch Silben wie *ba* und *da* treten jetzt auf. All dies sind Schritte auf dem Weg zur Sprache, die sich im darauffol-genden Jahr sehr rasch entwickeln wird.

2.2.7 Brabbeln und „Sprechen"

Aus dem Vergnügen heraus, die Laute zu hören und zu spüren, welche Emp-findungen sie im Mund hervorrufen, entwickeln sich die Silben zu endlosen Reihen: *ba-ba, da-da-da-da...* In den meisten Kulturen geben Kinder in diesem Entwicklungsstadium unabhängig von der um sie herum gesprochenen Spra-che ähnliche Laute in ähnlicher Abfolge von sich. Nachdem sie diese grund-legende Entwicklung durchlaufen haben, sicher jedoch im Alter von einem Jahr, bewegen sich Babies allerdings auf die Sprache zu, die sie gewöhnlich hören. Sie bringen jetzt die Laut- und Betonungsmuster der Sprache hervor, die von Menschen in ihrer Umgebung gesprochen wird und verbringen eine Menge Zeit mit „Sprechen", entweder mit sich selbst oder mit allen, die sich beteiligen möchten.

Es handelt sich hierbei um Scheinkonversationen. Sie können Ihren Anteil dabei übernehmen, indem Sie sich vom Kommunikationsbeitrag des Babys einnehmen lassen und es nachahmen, zu verstehen vorgeben und entweder in der Erwachsenensprache oder mit Lauten antworten, die denen des Babys ähnlich sind. Das mag spaßig klingen – und es macht auch Spaß – aber es ist auch eine Methode, das Baby weiter in die Welt der Kommunikation einzu-führen.

2.2.8 Spielen, Rituale und Wiedererkennen

Noch vor ihrem ersten Geburtstag genießen Babies die Spiele und Rituale, die sich im Laufe des Zusammenseins mit Ihnen herausgebildet haben und erken-nen ihre Bedeutung im Tagesablauf. Sie erinnern sich an die verschiedenen Hinweise für das, was als nächstes geschehen wird: an das Klappern von Töp-fen zur Essenszeit oder an Mantel und Schal, wenn es nach draußen geht. Sie sind jetzt in der Lage, Ihren Gesichtsausdruck zu deuten und zu erkennen, wann Sie sich freuen, und wann Sie verärgert sind. Auch Worte werden all-mählich zu Bedeutungsträgern. Mit etwa 8 Monaten verstehen Babies ein

„Nein" und reagieren (vielleicht!) darauf. In diesem Alter beginnen sie auch, ihren Namen wiederzuerkennen und blicken umher, wenn sie gerufen werden.

2.2.9 Gefühle mitteilen

Gegen Ende des ersten Lebensjahres sind Weinen und Lachen immer noch wirksame Signale, allerdings kann ein Baby Ihre Aufmerksamkeit nun auch auf andere Art und Weise erregen und Sie wissen lassen, was es möchte. Es greift nach Dingen außerhalb seiner Reichweite, zieht an Ihrem Hosenbein oder Rockzipfel, damit Sie sich ihm zuwenden, oder es schüttelt heftig den Kopf oder krabbelt in die entgegengesetzte Richtung davon, wenn es nicht belästigt werden möchte.

2.2.10 Nachahmen

Sind Babies ungefähr 10 Monate alt, beginnen sie, Ihre Handlungen zu imitieren, ebenso wie die ihnen nahestehender Personen. Sie spielen „Kuckuck-Da, Da!", klatschen in die Hände und machen beim „Kuchenbacken" mit. Sie erinnern und verwenden soziale Gesten wie das Winken beim Abschied und das Küßchen-Geben.

Dies sind nur einige Formen, in denen Babies auf Sie reagieren und Sie dazu bringen, mit ihnen zu kommunizieren. Indem sie jedoch ihren eigenen Beitrag leisten, lernen sie kontinuierlich von Ihnen. Wenn ein Baby ein Jahr alt ist, hat die Interaktion mit Ihnen und anderen Erwachsenen bereits eine bedeutende Rolle für sein sich entwickelndes Kommunikationspotential gespielt.

Beobachtung

> Beobachten Sie einige Zeit lang die Interaktion eines Babys mit einem Erwachsenen. Vielleicht besuchen Sie dazu ein örtliches Kinderheim, ein offenes Zentrum für Mütter oder Tagesmütter oder einen Kindergarten – oder Sie arrangieren eine Beobachtung von Eltern und Kind zu Hause.
> Beschreiben Sie den Anteil des Babys an jeder Interaktion – er kann kürzer oder länger sein. Nehmen Sie folgende Gesichtspunkte in die Beschreibung auf:
> Scheint das Baby die Erwachsenen in Interaktionen einzubeziehen? Wie geschieht dies – was tut das Baby?
> Wie reagiert es auf die Erwachsenen?
> Wer beendet die Interaktion: die erwachsene Person oder das Baby?

2.3 Erwachsene und präverbale Kommunikation

Wenn Sie jemand beobachten, dem die Arbeit mit Babies Spaß macht, werden Sie feststellen, daß die betreffende Person sich verhält, als ob das Baby bereits ein in vollem Umfang kommunizierendes Wesen sei und jedes Wort verstünde. Solche Personen behandeln Babies als Kommunikations*partner* und ermuntern sie, ihren Teil zur „Unterhaltung" und zum Spiel beizutragen. Sie hören zu, was das Baby zu „sagen" hat und stellen eine Menge Fragen, wie z. B. „Das magst du, nicht wahr?" oder „Es ist gemütlich und warm, nicht wahr?". Dabei sprechen sie in einem besonderen, für Babies gebräuchlichen Ton und wiederholen sich zum Nutzen des Babys: „Ja, das ist gemütlich und warm." Sie sprechen ziemlich langsam und sauber, bisweilen mit übertriebenen Wechseln in Stimmlage und Betonung. Sie warten auf die Antwort des Babys, und wenn sie nicht kommt, antworten sie selbst: „Mmh, das mag ich. Das ist gut." Diese besondere Art des Sprechens scheinen vor allem Mütter auf ganz natürliche Weise zu entwickeln und einzusetzen. Währenddessen schaut das Baby der erwachsenen Person ins Gesicht, beobachtet und hört aufmerksam zu, um sich dann seinerseits zu bewegen, zu lächeln und Laute von sich zu geben.

Sensible Erwachsene sind empfänglich für jede Information, die sie von einem Baby erhalten. Sie stimmen Handlungen, Bewegungen und Worte so ab, daß sie mit denen des Babies synchron verlaufen bzw. dazu passen. Beim Füttern beispielsweise lassen sie sich vom Baby leiten: Sie warten mit dem Sprechen oder einem sanften Hin-und-her-Wiegen auf die kurzen Zeiträume, in denen das Baby nicht wirklich saugt, und sie sind still, wenn es wieder trinkt. So lassen sie das Baby das Tempo bestimmen, indem sie behutsam auf die Geräusche reagieren, die es von sich gibt, als wären es Worte.

2.3.1 Wechselseitigkeit

Verläuft die Kommunikation mit Babies so wie sie im vorherigen Abschnitt beschrieben, werden sie an einen wichtigen Gesichtspunkt interpersonaler Kommunikation herangeführt, nämlich an die Wechselseitigkeit. Eine Person hört jeweils zu, während die andere spricht oder in sonstiger Form ihren Anteil beiträgt, und beide wechseln sich ab. An späterer Stelle in diesem Buch, wenn es um das Fragen geht, werden wir auf die Wechselseitigkeit von Kommunikation noch einmal zurückkommen, (s. S. 79).

Beobachtung

> Beobachten Sie eine erwachsene Person zusammen mit einem Baby, und achten Sie diesmal vor allem auf den Erwachsenen. Wie spricht diese Person mit dem Baby? Können Sie erkennen, wie sich beide abwechseln?

2.4   Empfänglichkeit für den „Zustand" des Babys

Menschen mit guter Kommunikationsfähigkeit sind in der Lage, anhand verschiedener Signale zu beurteilen, wie sich ihr Gegenüber fühlt und dies bei der Kommunikation zu berücksichtigen. Als BetreuerIn in einer Kinderkrippe ist es für Sie sehr wichtig, auf den Bewußtseinszustand eines Babys zu achten, wenn sie mit ihm kommunizieren. Es handelt sich dabei um die Frage, in welchem Umfang ein Baby zu einem gegebenen Zeitpunkt zu Kommunikation und Aktivität bereit ist. Der Tagesablauf eines Babys folgt einem eigenen Rhythmus. Zu bestimmten Zeiten des Tages geht das Kind von einem Bewußtseinszustand in einen anderen über: vom tiefen Schlaf, in dem es scheinbar durch nichts zu stören ist, zu einem leichteren Schlaf, unruhig und leicht zu unterbrechen. Aus diesem Stadium kann es in den Wachzustand übergehen: voll präsent und beobachtend, aber recht still. Dann schließlich kann eine Phase der Bewegung und Aktivität eintreten. Auf diese wiederum folgen vielleicht Aufregung und schließlich Schreien aus vollem Halse. Und schließlich kehrt es unter Umständen in einen der bereits erwähnten Zustände einschließlich Schläfrigkeit und Schlaf zurück.

Ein Neugeborenes verbringt die meiste Zeit schlafend, aber dennoch gibt es im Laufe des Tages – oft nach dem Füttern – zahlreiche Momente, in denen es ruhig, wach und kommunikationsbereit ist. Es ist wichtig, diese Zeiten zu nutzen und das Baby nicht einfach wieder schlafenzulegen. Dies sind die besten Gelegenheiten zur Unterhaltung und zum Spielen, und sei es nur für ein paar Minuten. Je älter ein Baby wird, desto häufiger und länger werden die Wachphasen.

Wenn ein Baby unruhig wird, kann es sein, daß es müde ist und bald einschläft. Sie werden jedoch mitunter feststellen, daß Sie es in einen Zustand ruhiger Aufmerksamkeit versetzen können, indem Sie mit ihm sprechen, es streicheln, hin und her wiegen oder ihm etwas Interessantes zeigen. In einem solchen Zustand ist es am besten in der Lage zu erfassen, was um es herum vorgeht.

Wenn es dagegen weint, treten so viele Störungen durch Lärm, Bewegungen und Unbehagen auf, daß für nichts anderes mehr Aufmerksamkeit aufbringen kann. In solchen Augenblicken ist es besser, das Baby zu besänftigen, als weitere Versuche einer spielerischen Kommunikation zu unternehmen.

Beobachtung

> Beobachten Sie für 20 Minuten ein Baby mit oder ohne Begleitung einer erwachsenen Person. Beschreiben Sie den „Zustand", in dem es sich befindet sowie jede Veränderung, die während der Beobachtungszeit stattfindet. Halten Sie folgendes fest:
> - Wieviel Bewegung gibt es? Beobachten Sie Arme, Beine, Rumpf und Kopf des Babys.
> - Welche Laute gibt das Baby von sich?
> - Interessiert es sich für seine Umgebung?
> - Wie stark wird das Baby von einer Aktivität, z. B. dem Gefüttertwerden, einem Spiel oder einer Unterhaltung, in Anspruch genommen?
> - Wenn das Baby schläft: Wie würden Sie seinen Schlaf beschreiben? Ist er leicht, unruhig oder tief? Was tut das Baby jeweils, um Sie zu einer dieser Einschätzungen kommen zu lassen?
> - Treten während der Beobachtungszeit Umstände ein, die einen Wechsel von einem Zustand zum anderen bedingen?

2.5 Zweisprachig aufwachsende Babies und Kinder

Manchmal arbeitet das Personal eines Kindergartens mit Kindern, die zweisprachig aufwachsen. Dies ist der Fall, wenn sich die hauptsächlich verwendete Sprache eines Elternteils von der des anderen Elternteils unterscheidet, oder wenn das Kind für einen Teil des Tages von einer Person versorgt wird, deren Sprache sich von der ansonsten zu Hause gesprochenen unterscheidet. Solche Kinder neigen dazu, sich Sprache langsamer anzueignen als Kinder, die nur eine Sprache sprechen (müssen). Die Forschung hat jedoch gezeigt, daß sie die anderen Kinder einholen und in der späteren Kindheit mindestens ebenso sprachintelligent sind wie diese. Außerdem haben sie den Vorteil, zwei Sprachen fließend zu beherrschen.

Für ein Baby, das zwei Sprachen ausgesetzt ist, läßt sich die Kommunikation erleichtern. Wer immer mit der Betreuung des Babys betraut ist, sollte stets nur in einer Sprache zu ihm sprechen. Die BetreuerInnen sollten demnach die eine, und die Eltern durchgängig die andere Sprache verwenden. So gelingt es dem Baby, die verschiedenen Sprachen mit den Menschen zu verbinden, die sie sprechen, und es ist geistig darauf vorbereitet zu erfassen, was sie sagen. Später kommt dann die Sprache zur Anwendung, die in der jeweiligen Situation am geeignetsten erscheint.

Zum Diskutieren oder Nachdenken

Was halten Sie von den folgenden Stellungnahmen? Wie lauten Ihre Antworten, wenn Sie berücksichtigen, was in diesem Kapitel steht?

- „Um gut mit Babies arbeiten zu können, muß man wirklich sachkundig und erfahren sein."
- „Das Versorgen von Babies ist naturgegeben."
- „Babies sind nicht so interessant wie andere Kinder."

Präverbale Kommunikation – Kernpunkte

- Präverbale Kommunikation ist eine Form der Kommunikation, bei der einer der Partner noch keine Sprache entwickelt hat, z. B. die Kommunikation zwischen einer erwachsenen Person und einem Baby.
- Babies verfügen über ein erhebliches Kommunikationspotential und können Sie, falls Sie es zulassen, in eine „Unterhaltung" verwickeln und zum Spielen bringen.
- Kommunikation mit Babies heißt, mit ihnen zu sprechen, sie zu berühren und mit ihnen zu spielen. Kommunikation ist für das Wohlbefinden und die Entwicklung eines Babys sehr wichtig.
- Menschen, die gerne Babies versorgen, sprechen mit ihnen, als ob diese verstehen würden, was sie sagen. Sie verwenden eine besondere Art zu sprechen, wodurch die Aufmerksamkeit des Babys erregt und gebunden wird. Sie richten ihre Kommunikationsbeiträge auf die des Babys aus und wechseln sich mit ihm ab.
- Babies sind in hohem Maße bereit zum Sprechen und Spielen, wenn sie wach und aufmerksam sind. In diesem Zustand sind sie besser in der Lage, Dinge aufzunehmen, als wenn sie aufgeregt oder schläfrig sind.
- Zweisprachig aufwachsende Babies haben einen Vorteil. Es ist hilfreich für den Erwerb beider Sprachen, wenn diejenigen, die jeweils mit dem Baby umgehen, immer dieselbe Sprache verwenden, z. B. die Mutter Deutsch und der Vater Kurdisch.

3 Sorgfältiges Zuhören

Interpersonale Kommunikation ist ein wechselseitiger Prozeß, ganz gleich, ob es sich dabei um Babies, Kinder oder Erwachsene handelt. Man kann sich vorstellen, daß dabei jemand eine Nachricht sendet und jemand anderes diese Nachricht empfängt. Wenn keine Nachrichten hin und her gehen, findet keine Kommunikation statt. Das Sprechen spielt zwar eine wichtige Rolle, aber ohne Zuhören (und Beobachten) geht es nicht. Mit anderen Worten: es ist äußerst wichtig für Sie, aufmerksam zuhören zu können, um die Informationen aufzunehmen, die andere Menschen Ihnen geben. Denken Sie an Situationen in Kinderkrippen oder Spielgruppen für Kleinkinder, bei denen Sie zuhören müssen, und zwar sorgfältig.

- Den ganzen Tag über haben Kinder Ihnen eine Menge zu erzählen. Sie vertrauen Ihnen ihre Probleme an, erklären ihre Spiele, bitten um Hilfe und machen Witze.
- Eltern teilen Ihnen wichtige Einzelheiten über ihre Kinder mit: Schlafverhalten, Vorlieben und Abneigungen bei Mahlzeiten sowie Informationen über den Gesundheitszustand.
- Eltern oder Kolleginnen und Kollegen sprechen über Veränderungen in der Familie und im Haushalt eines Kindes.
- Vielleicht vertrauen bestimmte Eltern Ihnen auch persönliche Probleme an.
- Kolleginnen und Kollegen informieren Sie über Dinge, die den Ablauf Ihrer Arbeit betreffen, wie z. B. Dienstzeitänderungen, weil jemand krank ist.
- Vielleicht werden Sie auch von Angehörigen anderer Berufsgruppen gebeten, im Umgang mit einem Kind nach bestimmten Empfehlungen zu

handeln. So könnte Sie beispielsweise ein Logotherapeut bitten, einem Kind zu helfen, das sich schlecht verständlich machen kann.

Zuhören ist ebenso wichtig wie Sprechen.

Aus folgenden Gründen sollten Sie all diesen Personen aufmerksam zuhören:

■ Sorgfältiges Zuhören führt zu einer besseren Zusammenarbeit mit Eltern sowie mit Kolleginnen und Kollegen, weil Sie die „Botschaften" verstehen, die für Ihre Arbeit wichtig sind.

■ Zuhören gibt ein neuartiges Bewußtsein für das Recht eines Kindes, in Angelegenheiten, die es betreffen, gehört zu werden. Diese Recht findet sich in vielen Gesetzgebungen einschließlich der UNO-Konvention über die Rechte des Kindes. Kinder sollten von Anfang an die Erfahrung machen, daß sie gehört werden, da dies ihre Selbstachtung und das Gefühl dafür aufbaut, eine eigenständige Person zu sein. Während Sie aufmerksam zuhören, was ein Kind zu sagen hat, lernen Sie es besser kennen und beginnen, die Dinge von seiner Warte aus zu sehen. Dies aber ist für Ihre Arbeit mit Kindern besonders wichtig. Kinder in Kinderkrippen und in Spielgruppen für Kleinkinder brauchen Menschen, die auf sie eingehen und für sie sensibilisiert sind. Kindern zuzuhören ist ein hervorragender Weg für Sie, sie zu verstehen, die Beziehung zu ihnen zu verbessern und sie zu ermutigen, mit Ihnen zu kommunizieren. Zuhören liefert den Kindern auch ein Vorbild, wie andere Menschen behandelt werden sollten.

■ Wenn Sie aufmerksam zuhören, erkennt Ihr Gegenüber, daß es als Person mit eigenen Erfahrungen ernst genommen und das, was es zu sagen hat, mit Respekt behandelt wird.

Übung

Suchen Sie sich einen Partner oder eine Partnerin und hören Sie sich gegenseitig aufmerksam zu. Sie beide haben jeweils 5 Minuten Zeit, um zu sagen, warum Sie die Arbeit mit Kindern gewählt haben, um über frühere Erfahrungen im Umgang oder in der Arbeit mit Kindern zu sprechen und zu erläutern, mit welcher Altersgruppe Sie am liebsten arbeiten.
Wenn eine Person zu Ende gesprochen hat, wiederholt die andere so genau wie möglich, woran sie sich noch erinnert. Dabei darf sie nicht unterbrochen werden. Ist die Wiederholung jedoch abgeschlossen, wird ihr mitgeteilt, was gefehlt hat oder ungenau war.
Wenn Sie beide diese Übung durchgeführt haben, sprechen Sie darüber, wie sie von Ihnen empfunden wurde, ob Ihnen beispielsweise das Zuhören schwerfiel, oder ob das Erzählen Mühe bereitete.

3.1 Zuhören kann schwerfallen!

Obwohl das Zuhören sehr wichtig ist, fällt es nicht immer leicht. In diesem Zusammenhang möchte ich gerne zwei fiktive Situationen schildern: Die eine ist so etwas wie eine Traumwelt, die andere ein Alptraum.

3.1.1 Der Traum

Hier hört jeder aufmerksam zu:
Eine Kindergärtnerin sagt bloß: „Bitte mal für einen Moment herhören!", und alle Kinder hören auf zu spielen und schauen zu ihr hin. Sogar Karin paßt auf, obwohl sie soeben das Stethoskop zum Doktor-Spielen zu fassen bekommen hat, hinter dem sie schon den ganzen Morgen her war. Mike hört auf, über sein aufgeschlagenes Knie zu jammern. Der Wellensittich hört auf zu piepsen und auf seinem Glöckchen hin und her zu schwingen. Alles hört zu.
Wenn Eltern hereinkommen, hören die BetreuerInnen ihnen aufmerksam zu. Cheryl, die dem Vater eines Kindes lauscht, scheint die beiden Kinder gar nicht wahrzunehmen, die da an ihrer Kleidung zerren, um ihre Aufmerksamkeit zu erregen. Auch daß die Zwillinge sich gegenseitig mit Farbe traktieren, nimmt sie nicht wahr.
Auch die Eltern hören den BetreuerInnen aufmerksam zu, selbst wenn sie es eilig haben und in Sorge sind, ob sie noch rechtzeitig zur Arbeit kommen.
Und es ist bemerkenswert, wie das Personal eine bestimmte Tätigkeit – Windelwechseln, einem 4jährigen Jungen erklären, wie ein Videogerät funk-

tioniert, oder das Essensgeld zusammenzählen – unterbricht, um seine Aufmerksamkeit einem Kollegen oder einer Kollegin zu widmen.

3.1.2 Der Alptraum

Es ist ein ziemlich typischer Tag im Alptraumszenario. Niemand hört irgendjemandem zu. Eine recht besorgt aussehende Mutter erklärt einer Spielbegleiterin, daß ihr kleiner Junge schlecht geschlafen hat und zur Zeit nicht gut ißt. Sie habe sich gefragt, ob es gut wäre, ihn heute vorbeizubringen, sei jedoch der Ansicht, daß sie am Arbeitsplatz nicht ausfallen dürfe. Die ganze Zeit, während sie spricht, schaut die Spielbegleiterin aus dem Fenster und denkt darüber nach, ob es warm genug ist, um das Plantschbecken mit Wasser zu füllen.

Die Kinder hören niemandem zu. Sie scheinen alle in einer eigenen kleinen Welt zu leben. Sie finden auch niemanden zum Spielen, weil die anderen Kinder auch nicht aufpassen.

Die Eltern sind zu besorgt, um dem Personal richtig zuzuhören. Sie meinen, daß das Personal sie oft kritisiert und sind daher dauernd in der Defensive, so daß sie wichtige Informationen, die ihnen das Personal gibt, nicht aufnehmen. Am Schwimmtag haben nur wenige Kinder ihre Badesachen mit, obwohl die Eltern oft genug persönlich daran erinnert wurden.

Personalversammlungen sind ärgerliche Angelegenheiten, bei denen gesprochen, aber nicht zugehört wird. Es gibt eine Menge Unterbrechungen, und oft wird es laut. Seltsamerweise finden die Stimmen um so weniger Gehör, je lauter sie sind!

Herumbrüllen bringt niemandem zum Zuhören.

Zum Diskutieren oder Nachdenken

- Die beide soeben beschriebenen (und gleichermaßen unmöglichen) Einrichtungen sind nur fiktiv, weisen jedoch auf einen wichtigen Umstand hin: Zuhören ist nicht immer einfach. Welche Gründe dafür können Sie anhand der beiden Berichte anführen?
- Denken Sie an selbsterlebte Bedingungen und Umstände, die das Zuhören schwierig machen, ob bei der Arbeit oder im Alltag.

3.2 Zuhören und Hören sind nicht dasselbe

Es ist wichtig zu verstehen, daß Zuhören und Hören nicht dasselbe sind. Wenn ich schreibe, bin ich mir der Geräusche um mich herum kaum bewußt, wenn ich jedoch innehalte und lausche, kann ich das Auto draußen auf der Straße hören, irgendwo spielt ein Radio, und draußen vor der Tür sind Stimmen. All diese Geräusche waren auch vorher schon da, haben jedoch meine Aufmerksamkeit nicht beansprucht. Ich war mit dem beschäftigt, was ich schrieb und empfing daher keine maßgeblichen Botschaften von außen. Es war beinahe so, als hätte ich den Telefonhörer neben die Gabel gelegt, so daß keine Anrufe durchkommen können. Ähnliches kann bei Unterhaltungen passieren. Obwohl ich die andere Person einwandfrei hören kann, kommt nicht durch, was sie mir mitteilen möchte. Es ist, als würde die Information, die sie weitergeben will, auf irgendeine Weise sabotiert. Entweder wird sie vollkommen blockiert, oder sie schlägt nicht an, oder das, was schließlich durchkommt, ist verzerrt und unklar. Lassen Sie mich ein paar Beispiele aus der Arbeit mit Kleinkindern und aus Spielgruppen geben:

- Der Spielbegleiter einer Spielgruppe holt aus einer großen Tasche buntes Papier, Farbe und Kleber heraus, damit jedes Kind, das Lust dazu hat, sich eine Maske basteln kann. Er ist ziemlich enthusiastisch, denn er hat in der vergangenen Woche einen Trainingskurs im Anfertigen von Masken absolviert und sieht eine endlose Vielzahl von Möglichkeiten. Plötzlich merkt er, daß ihm eine Packung Lametta fehlt, die vom letzten Weihnachtsbaum übriggeblieben war. Er wühlt sich bis zum Boden der Tasche durch, kann sie aber nicht finden. Ein Junge kommt herein und sagt, er habe einen furchtbaren Tag in der Schule gehabt. „Tatsächlich?" sagt der Betreuer automatisch, „du Ärmster." Dabei kippt er den Inhalt der Tasche auf den Boden und sortiert ihn hastig durch. Er hat nicht bemerkt, daß der Junge wirklich ziemlich aufgeregt ist, denn er ist zu sehr damit beschäftigt ist, diese Packung Lametta zu finden. Der Junge erkennt, daß der Mitarbeiter nicht interessiert ist und geht.

- Eine Tagesmutter bittet eine Mutter, neue Einmalwindeln mitzubringen. Indessen beobachtet diese völlig versunken, wie ihr Kind nach einer Rassel greift und es zum ersten Mal im Leben schafft, sie zu packen. Am nächsten Tag hat sie die Windeln nicht dabei. Obwohl die Mutter die Stimme gehört hat, das heißt, obwohl Schallwellen ihr Trommelfell in Schwingung versetzt und die Nerven Impulse ans Gehirn weitergeleitet haben, hinterließen die Worte keinen Eindruck bei ihr.

- Ein Spielbegleiter sagt einer Mutter am Telefon, daß ihr Kind einen Anfall hatte. Die Mutter ist sofort voller Angst. Der Betreuer sagt, daß es dem Kind jetzt gut zu gehen scheint, und daß es die Medikamente bekommen hat, die für solche Fälle von der Mutter dagelassen worden waren. Er erläutert im einzelnen, was geschah, sowie den Schweregrad und die Dauer des Anfalls. Nachdem die Mutter den Hörer wieder eingehängt hat, fällt es ihr schwer, sich an Einzelheiten des Gesprächs zu erinnern.

- Eine Mutter beteiligt sich zum ersten Mal turnusmäßig an der freiwilligen Beaufsichtigung einer Spielgruppe. Ihr Sohn gehört der Gruppe erst seit wenigen Tagen an. Sie ist ziemlich nervös und befürchtet, daß er „ungezogen" oder übermäßig fordernd sein könnte. Die Betreuerin spricht mit ihr und sagt, es sei das Beste, dem Kind soviel Aufmerksamkeit zu widmen, wie es braucht und sich um nichts anderes zu kümmern. „Er wird sich bald zurechtfinden", sagt sie. Die Mutter scheint die Worte jedoch nicht aufzunehmen. Es paßt nicht zu ihrem Bild von sich als Helferin, daß sie ihrem eigenen Kind soviel Aufmerksamkeit zuwenden muß, und sie fühlt sich weiterhin schuldig. Im Endergebnis ist weder sie noch ihr Kind glücklich.

- Eine unerfahrene Lehrkraft in einem Vorschul-Kindergarten betrachtet die Zeichnung eines Kindes, auf der zwei Personen zu sehen sind. „Mama ist mit Opa zum Krankenhaus gegangen", sagt das Kind. Die Lehrkraft ist sehr darauf bedacht, daß das Kind jetzt die Grundzüge der Mathematik lernen müsse. „Oh ja", sagt sie, den Blick auf das Bild geheftet, „wer von beiden ist größer und wer ist kleiner?" Auf die möglicherweise wichtige Botschaft des Kindes scheint Sie nicht geachtet zu haben.

3.3 Störfaktoren

Aufmerksames Zuhören ist bei Kindern mindestens ebenso wichtig wie bei Erwachsenen. Wenn Sie anderen mit Geschick zuhören, so bezeugen sie ihnen Respekt und bringen zum Ausdruck, daß Sie die Erfahrungen und Dinge, die sie Ihnen mitteilen und die Fragen, die sie stellen, wichtig nehmen. Darüber hinaus ermutigen Sie Ihre Gesprächspartner zur Kommunikation, denn niemand mag es, ignoriert oder ständig mißverstanden zu werden. Aber wie Sie sehen, haben die Menschen, ob Kinder oder Erwachsene, nicht immer Erfolg, wenn sie kommunizieren. Aus vielen verschiedenen Gründen kommen die Botschaften nicht durch – irgendwo gibt es Störfaktoren, die den Weg entweder komplett versperren oder die Botschaft nur teilweise durchlassen. Die Störung kann von der sprechenden Person, d. h. vom Absender der Information, oder von der empfangenden Person ausgehen. Bisweilen kann sogar bei beiden Personen eine Störung vorliegen! In diesem Fall besteht nur eine geringe Chance zur Kommunikation.

Im folgenden werden einige Störfaktoren, d. h. Gründe, aus denen Menschen eine verbale Botschaft nicht empfangen können, beschrieben.

3.3.1 Störfaktoren und was dagegen zu tun ist

3.3.1.1 Behinderungen

Schwerhörigkeit und Taubheit
Leidet eine Person – ob Erwachsener oder Kind – an einem Gehörschaden, müssen Sie besonders sorgfältig vorgehen, wenn Sie mit ihr sprechen. Solche Personen müssen in der Lage sein, Ihr Gesicht und Ihre Lippen zu sehen, und Sie sollten sich Mühe geben, sehr akzentuiert zu sprechen. Manchmal kommt es vor, daß ein Elternteil taub ist. In diesem Fall sollten Sie jede Information aufschreiben. Wenn Sie für eine Behörde arbeiten, gibt es dort vielleicht eine Lehrkraft für Taubstumme, die Sie beraten kann.

Kommunale Abenteuerspielplätze streben gewöhnlich die Integration behinderter Kinder an, und die Verwaltung gibt den dort Beschäftigten häufig die Gelegenheit, Unterricht in der Gebärdensprache zu nehmen. Ähnliches gilt für Kinder: genauso wie taube Kinder von den Lippen abzulesen lernen, können auch Kinder mit gesundem Gehör rasch mit der Gebärdensprache vertraut werden.

Sprach- und Sprechbehinderungen
Es kann sein, daß Sprach- oder Sprechstörungen vorliegen, z. B. eine Gaumenspalte oder Stottern, und Sie besonders geduldig sein müssen, um das Kind zu verstehen und ihm antworten zu können. In solchen Fällen bedarf es zusätzlicher professioneller Hilfe. Ein Logotherapeut könnte mit dem Kind und seiner Familie arbeiten, und dann ist es von großem Nutzen, zu verstehen, was der Therapeut tut, um daran mitwirken zu können.

3.3.1.2 Fremdsprachen

Wenn Sie ein paar Worte der Sprache eines anderen Menschen verstehen, und dieser versteht ein paar Worte Ihrer Sprache, so läßt sich eine Menge tun, indem man einfach probiert, miteinander zu kommunizieren. Bleiben sie dabei geduldig aber beharrlich, und verwenden Sie viele Gesten – solange, bis Sie einander verstehen. Und außerdem: eine Herausforderung wie diese kann viel Spaß machen.

Handelt es sich allerdings um eine Situation, in der das gegenseitige Verstehen außerordentlich wichtig ist, muß ein Dolmetscher eingeschaltet werden. Diese Funktion könnte eine andere Mutter oder ein anderer Vater übernehmen, an manchen Orten können Ihnen auch lokale Behörden helfen, einen Dolmetscher zu finden. Es empfiehlt sich, eine Liste von Personen vor Ort zu führen, die bei Bedarf gerufen werden können, um zu dolmetschen oder Schriftstücke zu übersetzen. Dies kann ehrenamtlich oder gegen Honorar geschehen.

3.3.1.3 Kinder, die ihre Sprache noch lernen

Die Sprache eines kleinen Kindes ist noch nicht ausgereift, daher versteht es die Sprache der Erwachsenen nicht richtig und hat auch Schwierigkeiten, verstanden zu werden. Wenn Sie ein Kind näher kennenlernen, gelangen Sie im Verlauf dieses Vorgangs rasch auf dieselbe Wellenlänge. Sie finden einen Weg, sich so auszudrücken, daß sie verstanden werden und finden auch heraus, was das Kind Ihnen mitzuteilen versucht. Dazu ist natürlich Geduld nötig, aber ein solches Handeln ist unabdingbarer Bestandteil Ihrer Arbeit. Sie sollten soviel Zeit wie möglch damit zubringen, neue Kinder kennenzulernen und ihnen Gelegenheit geben, Sie kennenzulernen. Kinder brauchen Menschen, die ihnen gegenüber sensibel sind und auf sie eingehen, wenn sie sich gut entwickeln und glücklich sein sollen. Und Sie können auf ein Kind nicht eingehen, solange Sie seine „Botschaften", d. h. die Bedeutung seiner Worte, seiner Gesten und seines Gesichtsausdruckes nicht verstehen.

Selbst größeren Kindern, sogar solchen, die älter sind als 5 Jahre, kann es schwerfallen, Sie zu verstehen – und umgekehrt. Wenn nur wenige gemeinsame Erfahrungen vorliegen, kommt es vor, daß beide Seiten sich auf Ereignisse beziehen oder Ausdrücke verwenden, die die jeweils andere Seite ratlos lassen – obwohl ältere Kinder bei dem Versuch, Sie zu verstehen, ziemlich ausdauernd sein können. Dann ist da noch das Problem, daß Kinder nur über ein eingeschränktes Verständnisvermögen verfügen. Wenn Sie merken, daß ein Kind darum ringt, zu verstehen, Ihren Worten einen Sinn zu geben, dann müssen Sie sich besondere Mühe geben und neue Wege finden, ihm etwas zu erklären.

3.3.1.4 Ablenkungen

Zu den Ablenkungen zählt jede Inanspruchnahme Ihrer Aufmerksamkeit, die Sie vom Zuhören abhalten kann. Hier ein paar Beispiele:

- Unbehagen, z. B. wenn eine Mitarbeiterversammlung in einem stickigen Raum stattfindet;
- körperlicher Schmerz, z. B. Kopfschmerzen;
- Unterbrechungen, z. B. wenn ein Elternteil mit Ihnen sprechen möchte und gleichzeitig ein Kind versucht, Ihre Aufmerksamkeit zu erregen;
- Gefühle, z. B. Wut, Angst oder Trauer, die abgehende und ankommende Botschaften blockieren oder verzerren;
- an etwas anderes denken, z. B. an ein Problem zu Hause oder am Arbeitsplatz, oder Tagträumen über ein angenehmes Ereignis;
- Lärm, der die Konzentration erschwert.

3.3.2 Vermeiden von Ablenkungen

Als jemand, der mit Menschen arbeitet, müssen Sie auf alle möglichen Ablenkungen gefaßt sein, wobei eine Ablenkung Sie selbst oder andere betreffen kann. Sind Sie sich der Gefahr aber bewußt, können Sie Schritte zur Vermeidung von Ablenkungen unternehmen, so daß eine effiziente interpersonale Kommunikation möglich wird.

In manchen Situationen fällt es schwer, sich zu konzentrieren.

Manchmal kommen Sie vielleicht zu der Überzeugung, daß jetzt nicht der richtige Ort oder Augenblick ist, um jemandem wirklich zuzuhören. Unter Umständen ist es dann nötig, der betreffenden Kollegin zu erklären, daß es im Augenblick ein wenig hektisch zugeht und sie zu bitten, später über die Betriebsfeier zu sprechen.

Ein anderes Mal erkennen Sie vielleicht, daß es genau in diesem Moment besonders wichtig ist, zuzuhören und die betreffende Person nicht abzuweisen, etwa bei einer offensichtlich aufgeregten Mutter, die hereinkommt und fragt, ob Sie einen Moment Zeit haben. In diesem Fall erklären Sie dem Kind, das genau *jetzt* mit Ihnen die Kaninchen anschauen möchte, daß Sie dies tun werden, sobald Sie mit der Mutter gesprochen haben. Sollte sich noch jemand im Raum befinden, entschließen Sie sich vielleicht dazu, das Gespräch in einer anderen, ruhigeren Umgebung zu führen.

Wenn Sie sich abgelenkt fühlen, z. B. durch Kopfschmerzen, Bedrücktsein oder das Bedürfnis, an andere Dinge zu denken, sollten Sie sich ermahnen, so sorgfältig zuzuhören, wie es Ihnen möglich ist.

Spüren Sie andererseits, daß Ihr Gegenüber in ähnlicher Weise abgelenkt ist, müssen Sie bei der Kommunikation sehr sorgfältig vorgehen. Manchmal ist es von Nutzen, die Person zu fragen, ob es im Augenblick irgend etwas gibt, das ihr unmittelbar Sorgen macht. Dies gibt ihr Gelegenheit, zumindest kurz darüber zu sprechen, so daß sie Ihnen danach mehr Aufmerksamkeit widmen kann. Vielleicht müssen Sie auch wiederholen, was Sie zu sagen haben, und sichergehen, daß Sie verstanden wurden. Dieses Vorgehen empfiehlt sich besonders, wenn Sie Einzelheiten weitergeben müssen, die Ihr Gegenüber alarmierend finden könnte, etwa wenn Sie einer Mutter erklären müssen, daß ihr Kind sich den Kopf angeschlagen hat und zur Beobachtung ins Krankenhaus eingeliefert wurde. Oft drängt es die Eltern, ganz genau zu erfahren, was geschehen ist, und sie wiederholen die gleichen Fragen mehrmals, was wiederum Sie dazu zwingt, mehr als einmal zu berichten, was sich abgespielt hat. In solchen Fällen hilft die Frage: „Gibt es zu dem Vorfall etwas, das Sie noch einmal besprechen möchten?" Geben Sie Ihren Gesprächspartnern auch genügend Zeit, um für sich herauszufinden, was sie noch wissen wollen und müssen.

Auch Kinder dürfen nicht abgelenkt sein, wenn sie richtig zuhören sollen. Vielleicht führen Sie gerade eine interessante und wichtige Unterhaltung mit kleinen Kindern – und plötzlich taucht ein Fensterputzer am Fenster auf. Wenn die Konkurrenz zu stark ist, hilft es nichts zu versuchen, die Unterhaltung fortzusetzen. Was gerade vor den Augen der Kinder geschieht ist in jedem Fall viel faszinierender. Das aber kann der Ausgangspunkt für ein Spiel, für viele Aktivitäten und für weitere interessante Unterhaltungen sein. Wenn die vorherige Unterhaltung wirklich wichtig war, müssen Sie einfach einen Zeitpunkt dafür finden, an dem die Kinder nicht abgelenkt sind.

Unabhängig vom Alter der Betreffenden können Sie erkennen, wenn jemand Ihnen Aufmerksamkeit widmet. Ein Baby, das zuhört, ist ruhig; seine Gliedmaßen bewegen sich nicht, und sein Blick hält den Ihren mit einem Ausdruck der Konzentration und Erwartung fest. Bei Menschen jeden Alters ist es ein sicheres Zeichen fürs Zuhören, wenn sie die sprechende Person ansehen, ohne sie zu unterbrechen oder unruhig zu werden. Fehlen diese Zeichen, dann wissen Sie, daß Ihre Botschaft wahrscheinlich nicht durchdringt.

3.4 Wie steht es mit der Verständlichkeit?

Es mag Sie überraschen, in diesem Buch schon so weit gekommen zu sein, ohne auf die Behauptung zu stoßen, daß es für eine gute Kommunikation besonders wichtig sei, verständlich zu sprechen. Ich hoffe, Sie verstehen inzwischen, daß dieser Standpunkt eine grobe Vereinfachung darstellt. Eine klare, sorgsam gewählte Sprache ist zwar oft erforderlich, aber nicht immer ausreichend.

Jemand, der verständlich spricht, vermittelt seine Botschaften nicht notwendigerweise deutlicher als jemand, der dies nicht tut. Eine Betreuerin in einer Kinderkrippe oder Spielgruppe für Kleinkinder, die vollkommen akzentuiert und mit perfekter Grammatik spricht, kann dennoch gelegentlich versagen, was die Kommunikation angeht. Um effizient zu kommunizieren, müssen auch Faktoren berücksichtigt werden, die eine Störquelle darstellen können, und es muß alles getan werden, um sie unwirksam zu machen oder zu beseitigen. Sie können sich vorstellen, was bei einem Gespräch über die Unterschiede zwischen „hoch" und „tief" oder „rund" und „eckig" herauskommt, wenn das Kind aufgeregt ist und weint. Ganz gleich, wie klar und einfach die Erläuterung und wie gewählt und korrekt die Sprache der Kollegin sein mögen: Das Kind wird wenig verstehen. Um ein anderes Beispiel zu nehmen: Sie würden Ihre Zeit verschwenden, wenn Sie jemandem klare Instruktionen bezüglich geänderter Öffnungszeiten eines Kindergartens gäben, der die Sprache kaum versteht, in der Sie sprechen. In beiden Fällen wäre es wenig sinnvoll, hinterher zu behaupten: „Das habe ich doch alles ganz deutlich gesagt!" Wie man sieht, sind deutliche Erklärungen nicht immer ausreichend.

Es gibt sogar Augenblicke, in denen Menschen nicht einmal verständlich oder grammatikalisch korrekt sprechen müssen, um dennoch perfekt verstanden zu werden. Dies kann z. B. bei guten Freunden oder bei Verwandten der Fall sein, also bei Menschen, die einander sehr vertraut sind. Da bedarf es oft nur einiger Worte wie „Hast Du ...?", „Ich habe gefragt, aber..." oder sparsamer Gesten, und alles, was an Bedeutung notwendig ist, wird übermittelt.

Menschen, die in einer weniger engen Beziehung zueinander stehen, müssen deutlicher miteinander sprechen, um richtig verstanden zu werden. In formellen Situationen wie etwa am Arbeitsplatz, einschließlich der Arbeit mit Kindern, werden Menschen auch formeller in ihrer Sprache und nehmen sich bei dem, was sie sagen, und wie sie es sagen, mehr in acht. Das Personal eines Kindergartens sollte bei der Arbeit mehr auf korrekte Sprache achten, als es das zu Hause gewöhnlich tut. Und es ist – wie bereits erläutert – oft notwendig, in störanfälligen Situationen besonders achtsam vorzugehen (s. S. 36–42). Wenn Sie die Kinder jedoch erst einmal kennengelernt haben, kann eine saloppe Sprache bei vielen Gelegenheiten richtig und der Situation angemessen sein.

Zum Diskutieren oder Nachdenken

- Was stört Kommunikation Ihrer Erfahrung nach am häufigsten?
- Glauben Sie, daß man Kindern ebenso sorgfältig zuhört wie Erwachsenen?
- Warum ist es wichtig, Kindern zuzuhören?
- Was würden Sie jemandem antworten, der sagt: „Kinder sind zu jung, um zu wissen, was gut für sie ist. Warum sollte ich mich damit abgeben, ihnen zuzuhören?"

Beobachtung

- Werden Sie sich der Störfaktoren bewußt, wenn Sie zuhören oder versuchen zuzuhören.
- Schweift Ihre Aufmerksamkeit ab, wenn jemand mit Ihnen spricht? Machen Sie sich, wann immer dies geschieht, sofort danach Notizen, und sprechen Sie aus, warum Ihnen das Zuhören schwergefallen ist.
- Achten Sie auf Momente, in denen Sie sicher sind, daß jemand nicht zuhört – vielleicht auch Ihnen nicht. Woran erkennen Sie das? Schreiben Sie auf, was geschah.

Aufmerksames Zuhören – Kernpunkte

- Bei der interpersonalen Kommunikation sind Zuhören und Beobachten (das Empfangen von Botschaften), ebenso wichtig wie das Sprechen (eine Möglichkeit zum Senden von Botschaften).
- Aufmerksames Zuhören ist äußerst wichtig, wenn Sie mit Menschen arbeiten: Kindern, Eltern und KollegInnen sollten Sie aufmerksam zuhören.
- Aufmerksames Zuhören zeigt Respekt und hilft, Durcheinander zu vermeiden. Kindern zuzuhören hilft, sie kennenzulernen und kann sie zur Kommunikation mit Ihnen ermutigen.
- Sorgfältiges Zuhören ist nicht immer leicht und kann gestört werden. Eine Störung bedeutet, daß eine Botschaft blockiert oder verzerrt wird. Bisweilen geht die Störung von der Person aus, die eine Botschaft sendet, bisweilen von derjenigen, die sie empfängt.
- Zu den Störfaktoren gehören: Gehörschäden und Taubheit, Sprach- und Sprechstörungen, unterschiedliche Muttersprache der Kommunizierenden sowie sich abgelenkt fühlen beispielsweise durch Unwohlsein, Unterbrechungen und intensive Emotionen.
- Beim Sprechen und Zuhören sollten BetreuerInnen in Kinderkrippen und Spielgruppen für Kleinkinder wachsam gegenüber möglichen Störungen sein und alles tun, um sie zu beseitigen. Effiziente Kommunikation findet statt, wenn die Botschaften durchdringen, ohne blockiert oder verzerrt zu werden.

4 Ermutigendes Zuhören

Wenn Sie Menschen beobachten, die mit Kindern arbeiten, werden Sie feststellen, wie reichhaltig interpersonale Kommunikation ist. Dazu gehört um Rat zu fragen und Rat zu erteilen, Erklärungen zu erbitten und zu geben, Fragen zu stellen, zu scherzen, um Hilfe zu bitten und zuzuhören. In Kapitel 3 beschäftigten wir uns damit, wie wichtig es ist, aufmerksam zuzuhören, um die Gesprächspartner verstehen zu können. In diesem Kapitel wenden wir uns Menschen zu, die noch ein übriges tun: sie hören so zu, daß ihr Gegenüber ermutigt und ermuntert wird, fortzufahren. Es geht um eine Art von Gesprächsverhalten, das sowohl Erwachsene als auch Kinder in die Lage versetzt, ihren Fähigkeiten entsprechend optimal zu kommunizieren. Wir haben bereits erläutert, daß Sie sich möglicher Störfaktoren bewußt sind und versuchen müssen, sie auszuschalten. Ermutigendes Zuhören bedeutet, einen Schritt weiter zu gehen, indem Sie anderen Ihre volle Aufmerksamkeit widmen und – das ist äußerst wichtig – sie wissen lassen, daß dem so ist. Wenden wir uns gleich der Praxis zu:

■ Sally führt auf einem Abenteuerspielplatz eine Sicherheitsinspektion der Plattform eines Klettergerüstes durch. Jan klettert an ihrer Seite mit hoch und erzählt schluchzend, daß sein Bruder gerade auf ihn losgegangen ist. Sally sieht, wie aufgeregt er ist und beschließt, daß es erst einmal wichtig sei, Jan zuzuhören. Sie unterbricht ihre Tätigkeit und hockt sich neben Jan auf die Plattform – auf gleicher Höhe mit ihm kann sie ihm viel mehr Aufmerksamkeit widmen, als wenn sie von oben auf seinen Kopf herabschaut. Auch er kann sie besser sehen und hören. Sie konzentriert sich voll auf ihn und hört ihm zu, ohne zu unterbrechen. Als Jan erkennt, daß sie wirklich zuhört, beruhigt er sich, und seine Geschichte ist leichter zu verstehen.

■ Der Nachmittag in der Kinderkrippe geht zu Ende, als Renatas Mutter sich an Jenny, eine Betreuerin, wendet und fragt, ob es momentan günstig wäre, etwas zu besprechen. Da die Gelegenheit in der Tat günstig ist, nimmt Jenny sie mit in den Garten, wo es einigermaßen ruhig ist. Zunächst zögert die Mutter; ihre Geschichte ist kompliziert, und es geht auch um ihren geschiedenen Mann und um Probleme wegen der Besuche Renatas bei ihm, die alle zwei Wochen stattfinden. Renata scheint verstört und beruhigt sich vor dem Einschlafen nur langsam, außerdem hat sie Wutanfälle. Jenny hört ruhig zu. Sie nickt gelegentlich, lächelt der Mutter aufmunternd zu, zum Zeichen, daß sie zuhört, und übernimmt ihren Teil der Unterhaltung in Form ermutigender Worte wie „Verstehe...“, „Ja...“ oder „Hmm...“. Sie stellt keine Fragen, gibt keinen Rat und liefert keine Erklärungen. Renatas Mutter scheint das für den Augenblick zu genügen, sie wird weniger zögerlich und beginnt, klarer zu kommunizieren. Zu diesem Zeitpunkt ist das, was sie am meisten von Jenny braucht, aufmerksames und ermutigendes Zuhören.

Am Anfang fällt es nicht leicht, diese Art des Zuhörens durchzuhalten. Vielleicht verspüren Sie das Bedürfnis, unbedingt mit einer Frage unterbrechen, Ihren Standpunkt mitteilen oder einen Rat geben zu müssen. Dies kann später passend sein – im ersten Augenblick, wenn jemand aufgeregt ist, hilft es nicht. Dadurch entsteht vielmehr die Gefahr, den Schwerpunkt des Gespräches zu verlagern – weg von dem, was die Betreffenden jetzt gerade gerne besprechen möchten und hin auf etwas, worüber Sie gerade reden wollen. Es ist eine Tatsache: alles andere als ermutigendes Zuhören kann dazu führen, daß sich ein Mensch verschließt, obwohl er eigentlich sprechen möchte.

Aufmerksames, ermutigendes Zuhören kann einem Menschen helfen, seine Sorgen nach außen zu tragen, während Ratschläge oder zu viele Fragen frustrierend sein könnten.

So macht sich Michael beispielsweise Sorgen darüber, daß sein Sohn San nicht genug ißt. Dabei steht die Erinnerung an seinen jüngeren Bruder im Hintergrund, der stets kränklich war und schon als Kind starb. Gestern abend zum Beispiel hat San fast nichts gegessen und heute noch nicht gefrühstückt. Michael spürt allmählich, daß er damit nicht mehr zurechtkommt. Er ist Alleinerziehender und hat nur selten Kontakt zur übrigen Familie.

Die Betreuerin im Kindergarten gibt Michael kaum Gelegenheit zu erklären, was ihn beschäftigt, sondern überschüttet ihn direkt mit Versicherungen, daß das Kind völlig gesund sei, daß Kinder äßen, was sie brauchen, und daß es überflüssig sei, sich Gedanken zu machen. Sie erzählt ihm von anderen Kindern, die auch wenig essen würden und trotzdem groß und stark würden. Als Michael auch weiterhin seiner Besorgnis Ausdruck gibt, beginnt die Betreuerin, Fragen zu stellen wie: „Ißt das Kind zu viele Kleinigkeiten zwischen den Mahlzeiten?"

Michael fühlt sich sowohl durch die Informationen als auch durch die Fragen zurückgewiesen, antwortet jedoch, so gut er kann. Allerdings wird ihm nicht geholfen, und er geht fort, ohne seine Sorgen losgeworden zu sein, die er doch gerne mitgeteilt hätte.

Am nächsten Tag geht er zu einer anderen, erfahreneren Kindergärtnerin. Diese erkennt, daß Michael sich große Sorgen macht und läßt ihn in Ruhe aussprechen, bevor sie ihm ein paar Empfehlungen gibt. Er ist sehr erleichtert darüber, daß sie offenbar wirklich zuhört und fühlt sich in der Lage, ihr die Geschichte von seinem Bruder zu erzählen. Es verschafft ihm Entlastung, das einmal aus sich herausgebracht zu haben. Als die Kindergärtnerin den Eindruck hat, daß er sich ausgesprochen hat, beruhigt sie ihn und gibt ihm ein paar Empfehlungen. Er geht, fühlt sich weniger besorgt und ist in der Lage, den Rat umzusetzen.

4.1 Wann ist ermutigendes Zuhören nötig?

Es ist sehr wichtig, sich bewußt zu werden, wann Sie Erwachsenen und Kindern wirklich volle Aufmerksamkeit und Ermutigung zuteil werden lassen müssen, damit ihnen das Sprechen leichtfällt, anstatt in der Unterhaltung eine gleichberechtigte Rolle zu übernehmen. Ermutigendes Zuhören ist besonders hilfreich, wenn das Gegenüber sehr aufgeregt ist oder eine Menge zu sagen hat. Es kann auch jemanden, dem es schwerfällt sich auszusprechen, dazu ermuntern.

Wenn sie zum ersten Mal versuchen, auf diese Weise zuzuhören, gewinnen Sie vielleicht den Eindruck, daß es ziemlich gekünstelt wirkt. Andererseits kann es auch vollkommen natürlich erscheinen. Die Kunst besteht darin, das ermutigende Zuhören im rechten Augenblick einzusetzen. Es ist natürlich sehr enttäuschend für jemanden, der begierig ist, Ihren Standpunkt zu hören oder der Sie rundheraus um Rat fragt, wenn Sie dann Ihren Teil der Unterhaltung nicht übernehmen.

4.2   So funktioniert ermutigendes Zuhören

Hier einige Hinweise, wie man ermutigend zuhören kann:

- Achten Sie sorgfältig darauf, was Ihr Gegenüber sagt – vielleicht ist auch eine bewußte Anstrengung erforderlich, damit Sie Ablenkungen ignorieren können.
- Lassen Sie Ihr Gegenüber nonverbal wissen, daß Sie zuhören. Denken Sie an folgendes:
  - ☐ Wenden Sie Ihrem Gegenüber Körper und Gesicht zu.
  - ☐ Begeben Sie sich bei Kindern nötigenfalls auf die gleiche Ebene.
  - ☐ Entfernen Sie sich nicht.
  - ☐ Setzen Sie Nicken und Lächeln ein, wenn es angemessen erscheint, und lassen Sie Ihren Blick nicht umherschweifen, als ob Sie an etwas anderes dächten.
- Lassen Sie Ihr Gegenüber verbal wissen, daß Sie zuhören, und verwenden Sie dabei ermutigende Laute und Worte, wie z. B. „Ja...", „Ich verstehe..." oder „Hm...".
- Warten Sie, bis Ihr Gegenüber gesagt hat, was zu sagen war – Unterbrechungen sind oft frustrierend und können nervöse Menschen vom Sprechen abbringen. *Fallen Sie Ihrem Gegenüber nicht ins Wort!*
- Vermeiden Sie während des Gesprächs um jeden Preis Fragen, außer Sie haben etwas wirklich nicht verstanden, und geben Sie keine Erläuterungen oder Ratschläge.

Bisweilen müssen Sie nur wenig sagen, gerade eben genug, um deutlich zu machen, daß Sie zuhören und möchten, daß Ihr Gegenüber fortfährt.

Häufig bringt diese Art des Zuhörens viel mehr als die Diskussion über ein Problem. Durch Ihr ermutigendes Gesprächsverhalten zeigen Sie, daß Sie interessiert sind, sich nicht gelangweilt fühlen, und daß Sie die Bedürfnisse Ihres Gegenübers in den Vordergrund stellen. Es handelt sich darum, einem Menschen Raum zu geben, um über das sprechen zu können, was ihm am Herzen liegt. Dadurch erhält er Gelegenheit, die Dinge zu durchdenken, und oft kann er danach mit einer selbstgefundenen Lösung aufwarten.

Zum Diskutieren oder Nachdenken

- Was ist das Schwierigste am guten Zuhören?
- Waren Sie jemals in einer Situation, in der sie dringend jemanden gebraucht hätten, der Ihnen voll und ganz zugehört? Fällt es leicht, Menschen zu finden, die bereit sind, zuzuhören?
- Welche Situationen ergeben sich bei der professionellen Kinderbetreuung, die ein Zuhören erfordern?

Übung

Suchen Sie sich eine Person, mit der sie ermutigendes Zuhören üben können. Beide sollen Sie sich Gedanken zu ein Problem machen, über das Sie gerne mit jemandem sprechen möchten – vielleicht denken Sie an ein Kind, mit dem Sie zu tun haben oder ein anderes Thema mit Bezug auf Ihren Beruf oder Ihre Ausbildung. Wechseln Sie sich beim Erzählen ab. Sie haben jeweils 5 Minuten. Hören Sie ermutigend zu. Schildern Sie sich jedesmal gegenseitig, wie diese Erfahrung für Sie war. Wie war es, zuzuhören, und wie war es, aufmerksam angehört zu werden?

Beobachtung

Machen Sie sich bewußt, inwieweit an Ihrem Arbeitsplatz, in der Schule, zu Hause oder anderswo gut zugehört wird.

- Halten Sie eine Woche lang danach Ausschau, ob jemand irgendwo aufmerksam und zugewandt zuhört, und achten Sie auf die Auswirkungen. Es kann sich dabei um Erwachsene oder Kinder handeln. Kommt es oft vor?
- Achten Sie auf Unterbrechungen, wenn jemand spricht. Was geschieht? Wie reagiert die sprechende Person?
- Wenden Sie ermutigendes Zuhören an, wenn sich eine Gelegenheit ergibt, die Ihnen passend erscheint. Machen Sie sich Notizen darüber, was geschieht, warum in diesem Fall Ihrer Meinung nach ermutigend zugehört werden sollte, und wie Ihr Gegenüber reagiert.

Ermutigendes Zuhören – Kernpunkte

- Bei der Arbeit im Kindergarten genügt es bisweilen, den Menschen – Erwachsenen wie Kindern – einfach nur zuzuhören. Sie brauchen weder Fragen noch Ratschläge oder Meinungen. Die können später nachfolgen, falls nötig.

- Ein Mensch, dem man einfach nur zuhört, findet unter Umständen den Mut mitzuteilen, was ihn beschäftigt, und manchmal kann es ihm helfen, Probleme aus eigener Kraft zu ordnen. Es kann ihm auch helfen, sich zu beruhigen, wenn er aufgeregt ist.

- Die Hauptkennzeichen des ermutigenden Zuhörens sind: nicht unterbrechen; das Gespräch durch ermutigende Worte, Laute und zustimmendes Nicken in Fluß halten; die sprechende Person anschauen und keinen eigenen Beitrag leisten ehe sie nicht zum Abschluß gekommen ist.

5 Feedback

Psychologen, die Theorien über interpersonale Kommunikation und die daran beteiligten *sozialen Fertigkeiten* entwickelten, gründeten einige ihrer Vorstellungen auf die Struktur *praktischer Fertigkeiten,* wie etwa der Handhabung eines Werkzeugs oder des Autofahrens. Ein wichtiger Begriff für das Verständnis praktischer Fertigkeiten ist das Feedback. Es handelt sich dabei um Informationen, die Ihnen als unmittelbare Folge Ihres Handelns zurückgegeben werden; Feedback besteht aus Zeichen, die Ihnen zeigen, wie Sie vorankommen, und die Sie führen, wenn es darum geht, ein Verhalten beständig neu anzupassen.

Wenn Sie beispielsweise eine Rinne in ein Stück Holz schlagen, spüren Sie unter Umständen, daß das Holz weicher ist, als Sie zunächst gedacht haben, und daß der Stechbeitel zu tief eindringt. Beides bedeutet Feedback für Ihr Handeln und führt beinahe automatisch dazu, daß Sie den Druck der Hand, die den Stechbeitel hält, vermindern. Um ein anderes Beispiel zu nehmen: Sie fahren im Auto durch eine Stadt, blicken auf den Tachometer und sehen, daß Sie schneller als 50 km/h fahren. Folglich nehmen Sie den Fuß vom Gaspedal, das Auto fährt langsamer, und der Tachometer zeigt Ihnen die neue Geschwindigkeit.

5.1 Feedback in der Kommunikation

Der Begriff des Feedbacks wird auch in Bezug auf interpersonale Kommunikation benutzt, und zwar für alle verbalen und nonverbalen „Botschaften", die im Verlauf einer Interaktion zwischen zwei Personen ausgetauscht werden. Diese Botschaften haben Auswirkungen darauf, wie sie miteinander kommunizieren und was sie sich mitteilen.

Feedback in der interpersonalen Kommunikation kann entweder *positiv* oder *negativ* sein. Wenn Sie ermutigend zuhören (s. Kap. 4), geben Sie Ihrem Gegenüber positives Feedback in Form ermutigender Laute und Worte, oder Sie nicken oder lächeln. Ihr Gegenüber ist sich dieser „Botschaften" bewußt. Sie geben ihm die Gewißheit, daß Sie an dem, was Ihnen erzählt wird, interessiert sind, und daß es in Ordnung ist, fortzufahren. Falls Sie jedoch die Stirn runzeln oder sich abwenden, würde Ihr Gegenüber vermutlich annehmen, Sie hätten kein Interesse oder seien gar ablehnend eingestellt. In diesem Fall würden Sie negatives Feedback mit den entsprechenden negativen Resultaten liefern. Dazu könnte beispielsweise gehören, daß die Betreffenden überhaupt nichts mehr sagen oder aggressiv werden, um ihre Botschaft zu vermitteln.

Hier noch ein paar Beispiele für Feedback:

- Eine Tagesmutter erkennt, daß ein Kind nicht versteht, was sie ihm erzählt, weil es verwirrt dreinblickt. Sie findet daher einen anderen Weg, ihm etwas zu erklären, indem sie einfachere Worte wählt.

- Eine Kindergärtnerin teilt einem Vater mit, daß demnächst der für den Kindergarten zuständige Arzt kommen und seinen Sohn untersuchten wird. Während sie spricht, sieht sie am Gesichtsausdruck des Vaters, daß dieser unnötigerweise erschrocken ist. Sie versichert ihm daher, daß es sich nur um eine Routineuntersuchung des Entwicklungsstandes handelt, die bei allen Kindern durchgeführt werde, und der Vater entspannt sich sichtlich.

- Eine Mutter macht sich Gedanken darüber, daß ihr Kind im Kindergarten zuviel schläft. Sie wendet sich an die Leiterin des Kindergartens, die sie während des Gespräches anlächelt. Infolgedessen kommt die Mutter zu der Überzeugung, daß sie von Leiterin nicht ernst genommen wird und erhebt die Stimme. Die Leiterin hört auf zu lächeln und entschuldigt sich. Die Mutter beginnt, allmählich wieder mit normaler Stimme zu sprechen.

- Die noch junge Betreuerin einer Spielgruppe für Kleinkinder möchte einem Kollegen von ihrer Idee berichten, eine Veranstaltung durchzuführen, deren Erlös der Einrichtung zugute kommt. Sie beginnt zunächst zögernd, sieht jedoch an der Reaktion des Kollegen, daß dieser an dem interessiert ist, was sie zu sagen hat. Der Kollege unterbricht sie nicht, schaut sie an und lächelt zustimmend. Dadurch wird sie ermutigt, ihre Idee darzulegen und ihm alles darüber zu erzählen.

Während der gesamten interpersonalen Kommunikation geht Feedback zwischen den Beteiligten hin und her und informiert beide Seiten darüber, wie ihre Botschaften ankommen. Manchmal sind sich die Betreffenden über das Feedback, das sie anderen geben, im klaren, in anderen Fällen sind sie sich weniger bewußt, wie sie wahrgenommen werden. Bei einem deutlichen verbalen Feedback, wie z. B. „Eine gute Idee!" oder „Ich verstehe nicht..." wissen die Betreffenden im allgemeinen, welche Botschaft sie senden. Bei nonverbalem Feedback hingegen (s. Kap. 1) wie etwa einem Stirnrunzeln, Lächeln oder Zappeln ist ihnen die Bedeutung der damit verbundenen „Botschaften" häufig weniger gegenwärtig.

5.2 Kommunikation am Telefon

Der wichtigste Grund, warum es jemandem schwerfällt, auf einem Anrufbeantworter eine Nachricht zu hinterlassen, liegt vermutlich darin, daß nicht das geringste Feedback zu erwarten ist. Nach dem Pfeifton sind Sie auf sich allein gestellt, und das kann wirken, als sprächen Sie in die Luft. Wir alle erwarten und brauchen Feedback in der alltäglichen Kommunikation. Ein Anrufbeantworter kann unsere Kommunikation jedoch nicht in der gewohnten Weise unterstützen, weil er nun eben mal kein Mensch ist: Auf einen Anrufbeantworter zu sprechen, ist demnach keine interpersonale Kommunikation. Selbst ein normales Telefonat kann bisweilen Probleme bereiten, weil das Feedback im Vergleich zu dem, was wir bei der Kommunikation von Angesicht zu Angesicht gewohnt sind, stark eingeschränkt ist.

Stellen Sie sich eine Tagesmutter vor, die bei einer Mutter telefonisch nachfragt, ob sie ihr Kind heute noch bringt. Die Zeit, zu der das Kind gewöhnlich kommt, ist bereits vorüber, und die Tagesmutter möchte einkaufen gehen. Wenn das Kind noch kommt, wird sie warten, andernfalls würde sie gerne losgehen, bevor die Läden zu voll sind. Am Telefon bekommt sie kein Feedback über die Körpersprache oder den Gesichtsausdruck der Mutter. Sie kann deren bestürzten Blick und das mutlose Achselzucken nicht sehen und paßt ihre Worte demnach nicht an. Hätte sie diese Zeichen wahrnehmen können, hätte sie vielleicht gefragt, ob es ein Problem gibt. Wie die Dinge jedoch stehen, ist sie recht kurz angebunden und sagt der Mutter, daß sie nicht länger warten könne.

Aber auch am Telefon gibt es Feedback, das über die verbale Kommunikation, d. h. über die tatsächlich gesprochenen Worte hinausgeht (s. Kap. 2). Menschen setzen ihre Stimme – absichtlich oder nicht – auf verschiedene Weise ein. Sie halten inne, zögern, sprechen langsam oder schnell, sie sind ruhig oder laut, seufzen oder schnalzen mit der Zunge, lachen, gähnen oder wechseln die Stimmlage. All diese nonverbalen Mitteilungen sind Feedback, das über das Telefon vermittelt wird und bei einem feinfühligem Zuhörer die Art zu antworten beeinflussen kann.

5.2.1 So telefonieren Sie richtig

Es folgen einige Tips für richtiges Telefonieren:

- Weil beim Telefonieren auf beiden Seiten viel Feedback verloren geht, ist es besser, sensible Themen – etwa Probleme mit einem Kind – nur in absolut notwendigen Fällen telefonisch zu besprechen.
- Am Telefon sollten Sie noch sorgfältiger zuhören als in der alltäglichen Kommunikation. Achten Sie besonders darauf, wie die Person spricht, und welche Worte sie verwendet.
- Denken Sie daran, daß auch Ihre Gesprächspartner Sie nicht sehen können und im Hinblick auf das, was Sie meinen, keine Anhaltspunkte über Ihre Körpersprache bekommen. Daher sollten Sie sehr deutlich formulieren, was Sie sagen möchten.
- Es hilft, wenn Sie sich vor dem Anruf genau darüber im klaren sind, was Sie sagen möchten. Beginnen Sie das Gespräch, indem Sie die angerufene Person begrüßen. Sagen Sie, wer Sie sind und warum Sie anrufen, z. B.: „Hillside-Kindergarten, June Grey am Apparat. Ich rufe an wegen der Bezahlung des Kleinbusses, den wir letzte Woche gemietet haben."

Übungen

Setzen Sie sich mit einer anderen Person zusammen, und zwar so, daß Sie einander nicht sehen können. Führen Sie dann folgende „Telefonate", und wechseln Sie sich dabei ab:

- Ein Mitglied des Teams ruft beim Lieferanten an und fragt, warum Spülmittel und andere Reinigungsutensilien nicht geliefert wurden. Sie wurden vor einem Monat bestellt, und das Personal muß ständig losgehen und diese Dinge einkaufen. Die Person am anderen Ende der Leitung kann sich nicht erinnern, eine Bestellung erhalten zu haben. Sie benötigt Informationen darüber, wann sie geschickt wurde, und andere Einzelheiten.
- Eine Mutter ruft bei einer Spielgruppe für Kleinkinder an und sagt, daß ihr Sohn nicht kommen möchte, weil etwas in dieser Spielgruppe ihn aufgeregt habe. Sie wisse nicht, was es ist, aber er sei wirklich durcheinander. Sie möchte wissen, ob irgend etwas Unvorhergesehenes geschehen sei, von dem das Personal Kenntnis habe, und fragt, was sie tun solle. Die Spielbegleiterin ist verwirrt. Ihr fällt nichts ein, was in Zusammenhang damit stehen könnte. Sie würde gerne von Angesicht zu Angesicht mit der Mutter sprechen und meint, daß sie auch das Kind sehen und mit ihm sprechen sollte.

■ Sind Sie der Ansicht, daß Sie beim Umgang mit Babies und Kindern stärker auf das Feedback achten als bei der Kommunikation mit Erwachsenen?
■ Gibt es zwischen Erwachsenen, Kindern und Babies Unterschiede im Feedback? Wenn ja, welche?
■ Warum ist es wichtig, bei der Arbeit in Kinderkrippen und Spielgruppen für Kleinkinder auf Feedback zu achten?

Zum Diskutieren oder Nachdenken

■ Halten Sie Ausschau nach Feedback, das Kinder für ihre Kommunikation bekommen und danach, wie sie anderen Feedback geben.
■ Verbringen Sie 15 Minuten vor dem Fernseher, und schauen Sie sich ein Fernsehspiel oder eine Seifenoper an. Konzentrieren Sie sich dabei auf einen Darsteller oder eine Darstellerin und auf das Feedback, das diese Person anderen gibt. Ist sie angenehm berührt? Blockt sie ab? Versteht sie die Botschaft? Wie gibt sie Feedback – verbal und nonverbal?

Beobachtung

5.3 Widerspiegeln

Widerspiegeln ist eine besondere Form des Feedbacks, und die Beherrschung dieser Technik kann sehr hilfreich sein, wenn Sie vermitteln möchten, daß Sie gehört und verstanden haben, was jemand gesagt hat.

Widerspiegeln bedeutet, die Hauptaussage einer Person zu wiederholen, als ob Sie ein Spiegel seien. Das klingt zwar, als bestehe die Gefahr, daß Ihr Gegenüber Ihre Aussage langweilig oder offensichtlich findet, aber Sie werden feststellen, daß viele Menschen ein situationsangemessenes Widerspiegeln begrüßen, weil es ihnen zeigt, daß Sie wirklich vernommen und verstanden wurden.

Mit etwas Übung fällt es leicht, widerzuspiegeln ohne hölzern zu wirken. Es ist nicht nötig, alles Gesprochene mit eigenen Worten zu wiederholen, sondern nur die wichtigsten Punkte. Dazu ein paar Beispiele:

Vater (aus zwingenden Gründen zu spät dran und ziemlich erregt): „Ich habe den ganzen Tag versucht, Sie zu erreichen, um zu sagen, daß ich später komme, aber ich bin nicht durchgekommen, das Telefon war dauernd besetzt!"

Spielbegleiterin (beruhigend): Sie haben es immer wieder versucht, aber wir waren dauernd beschäftigt."

Widerspiegeln ist in diesem Fall angebracht, weil die Betreuerin den Vater damit wissen läßt, daß sie seinen Versuch zur Kooperation würdigt; es ist jedoch nicht die einzige Möglichkeit, in dieser Situation Feedback zu geben. Wie die Betreuerin antwortet, hängt davon ab, was ihr in diesem Fall am erfolgversprechendsten erscheint. Kommt der Vater beispielsweise dauernd zu spät, hätte sie sich vielleicht entschieden, ihn damit zu konfrontieren. Konfrontationen betrachten wir in Kapitel 11. Hätte der Vater eine Menge zu den Gründen seines Zuspätkommens gesagt, so hätte sie ihm vielleicht ohne ein Widerspiegeln aufmerksam und ermutigend zugehört. Bisweilen möchte jemand einfach nur, daß man ihm zuhört.

Hier noch zwei Beispiele zum Widerspiegeln:

Kind (neu und ziemlich schüchtern, zeigt ein selbstgemaltes Bild): „Das ist meine Mama, das ist mein Papa, und das ist mein Baby, und das bin ich in meinem Haus."

Tagesmutter: „Du hast ein Bild gemalt mit allen, die in eurem Haus wohnen."

Auch in diesem Fall ist dies nicht die einzige Möglichkeit zu antworten. Die Tagesmutter könnte auch eine Frage stellen, eine Anregung geben oder etwas über ihre eigene Familie sagen. Widerspiegeln wirkt jedoch beruhigend, wenn jemand schüchtern ist. In diesem Fall zeigt es dem Kind, daß es gehört wurde und stellt Dinge in den Mittelpunkt, die es in diesem Augenblick interessieren. Zu einem späteren Zeitpunkt könnte die Tagesmutter dann auch zu anderen Antworten übergehen.

Mutter: „Nach dem Frühstück hat er seine Medizin schon bekommen, aber könnten Sie ihm auch nach den anderen Mahlzeiten jeweils einen Löffel geben?"

Kindergärtnerin: „In Ordnung. Möchten Sie, daß ich ihm einen Löffel nach dem Mittagessen und einen nach dem Kaffeetrinken gebe?"

Diese Betreuerin setzt das Widerspiegeln ein, um zu prüfen, ob sie die Anweisungen richtig verstanden hat. Das gibt der Mutter die Möglichkeit, Mißverständnisse zu korrigieren.

Übung

Suchen Sie sich einen Partner oder eine Partnerin und sprechen Sie abwechselnd über:
- das vergangene Wochenende – was Ihnen am besten und am wenigsten gefallen hat und warum; oder
- Ihre Praktikumsstelle oder Ihre Arbeit mit Kindern – was Sie dabei am liebsten und am wenigsten mögen und warum.

Geben Sie sich jeweils 5 Minuten. Aufgabe der zuhörenden Person ist das Widerspiegeln. Dabei sollte ihr die sprechende Person die Aufgabe insoweit erleichtern, als sie häufig Pausen macht, um Gelegenheit zum Widerspiegeln zu geben. Dies mag gekünstelt erscheinen und ist es auch. Es gibt Ihnen jedoch Gelegenheit, Erfahrungen mit dem Widerspiegeln zu sammeln.

Tauschen Sie sich über Ihre Erfahrungen als sprechende bzw. als zuhörende Person aus.

> Suchen Sie sich an Ihrer Praktikumsstelle oder bei Ihrer Arbeit eine Gelegenheit, um Widerspiegeln im Gespräch mit einem Kind auszuprobieren. Wie reagiert das Kind?
> Setzen Sie Widerspiegeln in der Unterhaltung mit einem Erwachsenen ein, und beobachten Sie, wie es die Kommunikation zwischen Ihnen beeinflußt.

> Was halten Sie von folgender Ansicht:
> Kommunikationsfähigkeit ist den Menschen von der Natur mitgegeben. Es ist unnötig, sich darüber Gedanken zu machen.

5.4 Widerspiegeln mit Kindern

Das Widerspiegeln ist auch geeignet, wenn Sie mit Kindern spielen und einem davon in besonderem Maß Ermutigung und Zuwendung geben wollen. Dies kann geschehen, indem Sie sich eher von dem betreffenden Kind leiten lassen und eigene Gedanken oder Spielideen zunächst zurückstellen.

5.4.1 „Besondere Zeit" für Kinder

„Besondere Zeit" heißt eine Art des Widerspiegelns, die beim Spielen mit Kindern eingesetzt werden kann. Sie wurde von Rachel Pinney als Therapie für Kinder mit speziellen Bedürfnissen entwickelt. Die Technik läßt sich jedoch auch bei „normalen" Kindern anwenden, vor allem, wenn sie individuell ausgerichteter Aufmerksamkeit bedürfen.

Beim therapeutischen Einsatz von „Besondere Zeit" beginnt die erwachsene Person damit, dem Kind zu sagen, daß beide jetzt eine besondere Zeit miteinander verbringen werden, in der das Kind tun kann, was es will. Die erwachsene Person sagt dem Kind ferner, daß sie darauf achten wird, daß es nicht in Gefahr gerät. Danach wendet sie ihre Aufmerksamkeit vollständig dem Kind zu und spiegelt wider, was immer es gerade tut: „Jetzt leerst du gerade die Kiste aus ... und möchtest, daß ich den Teddybären festhalte" usw. Manchmal ist das Feedback verbal und beschreibt die Aktivitäten des Kindes mit Worten, bisweilen kann es auch nonverbal sein und besteht dann aus Lächeln, Lauten und Handlungen. Das Spiel wird vollkommen vom Kind geleitet, und die erwachsene Person spielt, was immer das Kind möchte und folgt dabei dessen Hinweisen. Reicht das Kind der erwachsenen Person beispielsweise einen Becher, probiert diese ein wenig daraus. Sie gibt keinerlei Anregung und unternimmt keinen Versuch, das Spiel weiterzuführen, solange das Kind nicht zeigt, daß es dies wünscht. Bei dieser Art des Spiels wäre es ziemlich unpassend, wenn die erwachsene Person plötzlich sagen würde: „Kann ich auch einen Keks haben?" Es ist sehr gut möglich, daß das Kind der erwachsenen Person mehrere Tassen mit „Tee" reicht, eine nach der anderen, und ihm diese Wiederholung großen Spaß macht.

Kinder nutzen ihre „Besondere Zeit" auf verschiedene Weise. Wichtig ist, daß sie während dieser Zeit die volle Aufmerksamkeit der erwachsenen Person genießen und einfühlsam begleitet werden.

Die Technik der „Besonderen Zeit" läßt sich einsetzen, wenn „normale" Kinder besonderer Aufmerksamkeit zu bedürfen scheinen. Sie hilft besonders, um ein neu hinzugekommenes Kind kennenzulernen oder um ein Kind ganz allgemein besser kennenzulernen. Mehr als alles andere bedeutet diese Technik, dem Kind hohe Aufmerksamkeit zu widmen, seine Sichtweise einzunehmen und während dieser Zeit seine Interessen zu teilen und die eigenen hintanzustellen.

Natürlich ist die Methode der „Besonderen Zeit" – wie der Name schon sagt – besonderen Zeiten vorbehalten. Es ist auch nicht immer möglich, einem Kind längere Zeit ganz individuell Aufmerksamkeit zu schenken, wie es auch oft nicht angeht, gemeinsame Aktivitäten durch das Kind bestimmen zu lassen. Aber es gibt genug Gelegenheiten, bei denen Sie über die Aktivitäten des Kindes entscheiden, z. B. wann es Zeit ist für eine Geschichte oder für eine Mahlzeit. Bei der Arbeit in Kinderkrippen bringen Sie sich möglicherweise mit einem eigenen speziellen Vorhaben in die Aktivitäten der Kinder ein, z. B. wenn es im Rahmen eines Spieles darum geht, passende Farben zusammenzustellen, oder beim Identifizieren und Ordnen von Formen. Vielleicht berichten Sie auch über etwas besonders Interessantes, das Ihnen passiert ist.

Jedenfalls kann es sehr nützlich sein, unter Anwendung der Technik der „Besonderen Zeit" mit Kindern kommunizieren zu können, ihnen die Rückmeldung zu geben, daß sie verstanden und akzeptiert werden, während Sie gleichzeitig Gelegenheit haben, sie besser verstehen zu lernen. Diese Art der Kommunikation ist außerdem ein Gegenmittel gegen das unbedachte Eindringen ins Spiel der Kinder und die selbstverständliche Übernahme der Führung. Wenn Sie Kindern die Führung überlassen, ist es, als würden Sie die Funktion eines hochkomplexen Spielzeugs übernehmen. Es wird Sie überraschen, wie lange Kinder in der Lage sind, ihr Spiel ohne irgendwelche Anregungen Ihrerseits aufrechtzuerhalten.

In der Praxis

■ Versuchen Sie Situationen herzustellen, in denen Sie in Ruhe mit einem Kind arbeiten, sein Spiel widerspiegeln und ihm dabei erlauben, die Führung zu übernehmen.

■ Lassen Sie sich von einem kleinen Kind zu einem Spaziergang durch den Park mitnehmen. Lassen Sie es betrachten, was es interessiert, auf seinen Spuren zurückgehen, verweilen, wo es mag, herumrennen oder sich setzen – all das, so lange es möchte. Schreiten Sie nur ein, wenn es in Gefahr gerät oder Schaden anrichtet.

Was lernen Sie aus diesen Übungen über das Kind und über sich selbst? Wie schwer fällt es Ihnen, dem Kind die Führung zu überlassen?

Zum Diskutieren oder Nach- denken

Welche Vor- und Nachteile gibt es Ihrer Ansicht nach bei der Technik der „Besonderen Zeit"

Sie greifen auf, was das Baby wahrnimmt.

5.5 „Benennen" als Form des Widerspiegelns

Eine Form des Widerspiegelns wird von Müttern wie selbstverständlich angewendet – vielleicht auch von sensiblen BetreuerInnen im Kindergarten oder sogar von Vätern. Es handelt sich dabei um das Benennen.

Die Forschung hat gezeigt, daß Mütter die jeweilige Erfahrung, die ihr Baby gerade macht, kommentieren. So bemerkt eine Mutter beispielsweise, daß die Aufmerksamkeit ihres Babys gerade von einem Vogel vor dem Fenster in Anspruch genommen wird, und sie sagt: „Das ist ein Vogel. Ja, ein Vogel, der trinkt." Oder sie sieht, daß es auf ein Geräusch hört, das von draußen kommt und sagt: „Was ist das? ... Was hörst du da? Ein Auto, nicht? Vatis Auto."

Jemand der mit einem Baby zusammen ist, teilt dessen Erfahrungen und benennt sie für das Baby. „Das magst du, nicht? ... Mm, das schmeckt", sagt die Kindergärtnerin, während das Baby glücklich drauflos nuckelt. Oder: „Du grapschst wohl nach meinen Haaren, was?" während sie dem Griff ausweicht.

Benennen ist eine Art des Widerspiegelns, bei dem die Erfahrung des Babys aufgenommen und ihm wieder zugespielt wird. Das ist etwas anderes, als auf irgend etwas hinzuweisen, das für Sie interessant ist, und die Bezeichnung dafür zu nennen. In Wirklichkeit ist es oft schwierig, die Aufmerksamkeit von Säuglingen oder Kleinkindern auf etwas „da draußen" zu lenken, das sie nicht von sich aus wahrgenommen haben. Zum Beispiel kann es sein, daß sie Ihrem Finger nicht mit dem Blick folgen, wenn Sie auf etwas zeigen.

Durch das bei vielen Gelegenheiten wiederholte Benennen lernen Babies, daß es Wörter gibt, die im Einklang mit ihren Erfahrungen verwendet werden. Die Erfahrung, einen Hund zu sehen, wird von der Pflegeperson beispielsweise oft dadurch begleitet, daß sie den Hund benennt. Das ist einer der Wege, über den Kinder Sprache erlernen.

Wenn Sie benennen, was ein Kind sieht oder durch andere Sinne erfährt, sehen Sie die Dinge aus der Sicht des Kindes – eine wesentliche Fertigkeit für Menschen, die mit kleinen Kindern arbeiten und entscheidend für eine sensible Kommunikation.

Zum Diskutieren oder Nachdenken

Sehen Sie Ähnlichkeiten zwischen dem Benennen, das Erwachsene vornehmen, wenn sie mit Babies zusammen sind und der zuvor beschriebenen Technik der „Besonderen Zeit"?

Beobachtung

Beobachten Sie ein Elternteil oder eine Betreuerin in einem Kindergarten, wenn sie mit einem mindestens 8 Monate alten Baby oder Kleinkind spielt oder es füttert. Achten Sie darauf, wie die erwachsene Person der Führung des Kindes folgt und benennt, was es sieht, hört, fühlt oder schmeckt.

- Im Rahmen interpersonaler Kommunikation kommt es zwischen den Beteiligten zu einem ständigen Austausch von Feedback.
- Feedback zeigt Ihnen, ob Ihre Botschaft wie beabsichtigt ankommt. Anhand von Feedback steuern Menschen ihre Kommunikation.
- Ermutigendes Zuhören gibt positives Feedback, das die sprechende Person ermutigt, fortzufahren.
- Eine andere Form des Feedbacks ist das *Widerspiegeln*. Um widerzuspiegeln, was Ihnen jemand sagt, wiederholen Sie, oft in eigenen Worten, den Inhalt der an Sie gerichteten Botschaft. Dies gibt Ihrem Gegenüber die Sicherheit, richtig verstanden worden zu sein. Widerspiegeln kann besonders hilfreich sein, wenn Ihr Gegenüber aufgeregt oder schüchtern ist, oder wenn Sie überprüfen möchten, ob Sie eine Botschaft verstanden haben.
- Eine besondere Art des Spielens mit Kindern besteht darin, ihnen Feedback über das zu geben, was sie gerade tun und dabei gänzlich ihrer Führung zu folgen. Dies hilft besonders, um ein Kind besser kennenzulernen.
- In naher Verwandtschaft zum Feedback steht das Benennen durch Erwachsene, wobei diese die Erfahrungen von Babies oder kleinen Kindern benennen und deren Erfahrungen auf diese Weise einen Namen geben.

6 Widerspiegeln von Gefühlen

Bei allen Formen der Arbeit mit Kindern stehen Sie oft in engem Kontakt mit Menschen, die von starken Gefühlen beherrscht sind. Es kann sich dabei um ein Kind handeln, das sich darüber freut, daß es endlich ohne Stützräder mit dem Fahrrad fahren kann, eine Mutter, die Sie aus dem Krankenhaus anruft, während sie ängstlich darauf wartet, daß ihr Kind aus der Narkose erwacht, ein verstörtes Kind, das von seinen Eltern zum ersten Mal bei Ihnen gelassen wurde oder schließlich um eine Mutter, die sich darüber aufregt, daß ein neuer Mantel im Kindergarten verlorengegangen ist. Die Botschaften, die zwischen Menschen hin und her gehen, sind oft von persönlichen Gefühlen getragen und bedürfen einer feinfühligen Antwort.

6.1 Was sind Gefühle?

Will man eine Vorstellung über die Natur von Gefühlen gewinnen, besteht eine Möglichkeit darin, sie als körperliche Empfindungen und Reaktionen zu betrachten. Wenn Sie eine traurige Nachricht erhalten, spüren Sie vielleicht einen „Kloß im Hals". Sie merken, daß sich die Muskeln in der Kehle anspannen und Ihnen das Schlucken schwerfällt. Oder wenn Sie vor einem Examen oder einem Interview sehr aufgeregt sind, spüren Sie Ihre Aufgeregtheit möglicherweise als unangenehmes krampfartiges Gefühl in der Magengegend.

Gefühle unterscheiden sich von Gedanken, obwohl viele Menschen dies in der alltäglichen Unterhaltung durcheinanderbringen.

„Habt ihr heute Lust zu malen, oder sollen wir das erst nächste Woche tun?" fragt eine Lehrkraft vielleicht. Sie fragt nach Gedanken, Meinungen und

Vorstellungen, nicht aber nach Emotionen. Oder eine Tagesmutter sagt: „Ich spüre einfach, daß die Kinder zu Mittag eine gut ausgewogene Mahlzeit brauchen." In Wirklichkeit handelt es sich dabei eher um das, was sie *glaubt* oder *denkt*, als um das, was sie fühlt. Gefühle können jedoch gleichzeitig mit Gedanken auftreten. Vielleicht ist die Tagesmutter stolz darauf, gut für die Kinder zu sorgen, oder sie befürchtet, es vielleicht nicht gut genug zu machen.

Obwohl Gedanken und Gefühle verschieden sind, gibt es oft Verbindungen dazwischen, denn sie können sich gegenseitig beeinflussen. Wenn Menschen, die mit Kindern arbeiten, erfahren, daß ein Kind zu Hause mißhandelt wird, mag sich der eine wütend, der andere deprimiert *fühlen*, sie handeln jedoch nicht notwendigerweise nach ihrem Gefühl. Statt dessen kann ihr Handeln in erheblich größerem Ausmaß davon beeinflußt werden, was sie über die Situation *denken*. Ein Spielbetreuer, der Grund zur Annahme hat, daß ein Kind mißhandelt wird, denkt vielleicht für sich: „Wenn ich meine Gefühle im Gespräch mit der Mutter zeige, macht das alles nur noch schlimmer. Also beruhige ich mich lieber und verhalte mich so, wie es für das Kind am besten ist." Reagiert er in dieser Weise, wird sein Verhalten eher durch Gedanken als durch Gefühle bestimmt.

Die Vielfalt der Gefühle, die bei der Arbeit in Kinderkrippen und Spielgruppen für Kleinkinder zu beobachten sind, ist enorm. Im Verlauf weniger Wochen können Freude, Wut, Traurigkeit, Zuneigung, Freundlichkeit, Stolz, Kummer und Leid, Zorn, Gereiztheit, Vertrauen und Besorgnis auftreten. Für Ihre Arbeit ist es notwendig, Gefühle bei sich selbst und bei anderen bewußt wahrzunehmen. Sie können als solche und aus eigenem Recht heraus wichtige Botschaften sein, aber auch Störfaktoren darstellen, die einen Menschen daran hindern, auszusprechen, was er aussprechen möchte. Genauso aber können sie jemanden daran hindern, anderen richtig zuzuhören (s. S. 35–38).

6.2 Gefühle erkennen

Gefühle können sowohl verbal als auch nonverbal ausgedrückt werden. Jemand kann zu Ihnen sagen „Ich bin so glücklich", während Sie dies bereits an seinem oder ihrem breiten Lächeln erkannt haben. Im folgenden werden einige Möglichkeiten beschrieben, wie Gefühle ohne Worte, also nonverbal, ausgedrückt werden können:

- Ein kleines Mädchen hüpft über den Gehweg.
- Ein Kind streckt die Hand nach oben und streichelt Ihr Gesicht.
- Freunde umarmen sich.
- Eine Mutter seufzt beim Anheben der Einkaufstasche.

- Ein Vater runzelt die Stirn, als Sie ihm sagen, daß Sie für das Kindergartenfest einen Kuchen brauchen.
- Ein Kind legt rasch die Hand über den Mund, als Sie fragen: „Wer hat den Orangensaft verschüttet?"

Dies alles sind emotionale Signale, die Ihnen Einsicht in die Gefühle anderer vermitteln. Sie geben jedoch kein vollständiges Bild des Geschehens. Bevor Sie daher rasche Schlußfolgerungen ziehen, sollten Sie Ihre Interpretation auch auf andere Bedeutungen hin überprüfen. Der oben erwähnte Vater könnte sich beim Stirnrunzeln lediglich daran erinnert haben, daß er vergaß, seinem älteren Kind etwas für den Flohmarkt in der Schule mitzugeben, daß diese Woche das Geld knapp ist oder daß seine Frau im Krankenhaus liegt... Es kann 1001 Gründe für sein Stirnrunzeln geben, und sein Verhalten bedeutet nicht notwendigerweise, daß er Ihnen gegenüber ablehnende Gefühle hegt oder Ihrem Wunsch nicht nachkommen möchte.

Führen Sie so viele Gefühle auf, wie möglich. Wie sie feststellen werden, scheinen manche einander sehr ähnlich zu sein. Gibt es welche, die Ihnen bei der Arbeit wahrscheinlich nicht begegnen werden? Welches nonverbale Verhalten würde Sie vermuten lassen, daß eine Person folgende Gefühle hat: Niedergeschlagenheit, Besorgnis, Zuneigung, Ausgelassenheit, Furcht. Denken Sie daran, daß Gefühle sich im Gesichtsausdruck, in Bewegung und Haltung sowie stimmlich und im Blickkontakt zeigen können (s. S. 10–18).	**Zum Diskutieren oder Nachdenken**

6.3 Auf Gefühle eingehen

Wenn Menschen, die mit Kindern arbeiten, die Gefühle eines anderen wahrnehmen, sei es nun ein Glücksgefühl oder etwas anderes, können sie unterschiedlich reagieren. Im folgenden werden drei Reaktionsweisen beschrieben:

- *Gefühle können ignoriert werden:*
  Eine Mutter bringt ihr Kind in den Aufenthaltsraum, ihr Kopf ist gesenkt, vielleicht weint sie auch. Sie zieht dem Kind den Mantel aus und gibt der Kindergärtnerin wortlos den Apfel für das Kind. Die Betreuerin ist betroffen, sie weiß nicht, was sie sagen soll; so schweigt sie, bückt sich und macht dem Kind die Schürsenkel auf, um die Mutter nicht anschauen zu müssen. Die Mutter wünscht sich verzweifelt, über ein häusliches Problem sprechen zu können, weiß jedoch nicht, wie sie beginnen soll. Sie kann keinen Blickkontakt mit der Betreuerin aufnehmen, die mit dem Schnürsenkel beschäftigt ist, und nach einem Moment des Zögerns geht sie fort und fühlt sich noch elender.

■ *Gefühle können verleugnet werden:*
Es ist Samstagmorgen auf dem Abenteuerspielplatz, etwa eine Stunde vor dem Eintreffen der Kinder. Yasmin hatte heute eigentlich keine Lust, zur Arbeit zu gehen. Eine Kollegin kommt mit federndem Schritt herein, begrüßt sie mit einem freudigen „Hallo" und fängt zu singen an, während sie einen Topf mit Wasser aufsetzt. „Oh nein, wie kannst du nur so fröhlich sein", meint Yasmin. Ebenso wie Glücksbefühle können auch Trauer und Kummer verleugnet werden – und das kommt vielleicht sogar häufiger vor, wie folgendes Beispiel zeigt: Yasmin ist auf dem Heimweg und in wirklich düsterer Stimmung, als ihre Freundin ihr von der anderen Straßenseite aus zuruft: „Kopf hoch, so schlimm ist es nicht!"

■ *Gefühle können aber auch angenommen und widergespiegelt werden:*
Eine Tagesmutter wechselt gerade bei einem Baby die Windel. Ihr eigenes 12jähriges Mädchen kommt übelgelaunt von der Schule heim, knallt die Tür zu und feuert seine Bücher auf den Tisch. Die Tagesmutter sagt: „Du siehst aus, als hättest du heute einen wirklich schlechten Tag gehabt. In einer Minute bin ich bei dir!"

Mit diesen Worten vermittelt sie, daß sie einiges von den Gefühlen ihrer Tochter aufgenommen hat und akzeptiert. Das Annehmen und Widerspiegeln von Emotionen zeigt Respekt für das, was einer anderen Person widerfährt. Mit anderen Worten: Es zeigt Respekt für diese Person selbst. Wenn ein Kind weinend mit einem aufgeschlagenen Knie zu Ihnen kommt, empfiehlt es sich, etwas zu sagen wie „Du hast dir das Knie aufgeschlagen, und das tut sehr weh", während Sie etwas dagegen tun. Das spiegelt wider, was geschehen ist und was das Kind fühlt – Sie zeigen, daß Sie es verstehen und akzeptieren. Angenommen zu werden ist eine wichtige Erfahrung für Kinder; sie hilft ihnen, sich sicher zu fühlen und auf sich selbst zu vertrauen.

Manche mögen einwenden, es sei besser zu versuchen, ein verletztes Kind aufzuheitern oder ihm zu sagen, daß sein Knie „doch gar nicht so weh tut". Dies würde jedoch bedeuten, die Gefühle des Kindes zu verleugnen. Ich habe festgestellt, daß Kinder oft nur um so heftiger weinen, wenn sie aufgewühlt sind und Erwachsene diesen Zustand verleugnen. Es ist, als ob die Kinder die Betreffenden davon überzeugen wollten, wie schlecht sie sich fühlen, als ob sie deutlich machen wollten, daß es ihnen wirklich wichtig ist und sie der Aufmerksamkeit bedürfen. Es trifft ferner zu, daß Kinder, denen ständig vermittelt wird, man müsse sich fürs Weinen schämen, irgendwann glauben, das Mitteilen schmerzlicher Gefühle sei nicht gestattet und diese Ansicht in ihr Erwachsenenleben mitnehmen. Wenn Sie ihre Gefühle annehmen und widerspiegeln, tröstet sie das, und sie wissen, daß ihre Sichtweise der Situation von Ihnen geteilt wird. Oft hören sie dann auch auf zu weinen.

Es ist wichtig, die Gefühle von Kindern anzunehmen und sie nicht zu verleugnen.

6.3.1 Trennungen

Gefühle wie Trauer oder Wut treten oft zutage, wenn Eltern ein kleines Kind zum ersten Mal in der Obhut andere Personen zurücklassen. Bei der Arbeit in Kinderkrippen sollte mit Trennungen einfühlsam umgegangen werden. Wenn irgend möglich, sollte es Gelegenheit zur Eingewöhnung geben. Kinder müssen sich erst an Erwachsene gewöhnen, die ihnen neu sind. Sie müssen vertraut werden damit, Mitglied einer Gruppe anderer Kinder zu sein, einem Tagesablauf zu folgen, der sich vom häuslichen unterscheidet und sich in fremder Umgebung mit fremden Möbeln und unbekanntem Spielzeug zu befinden.

Die Eingewöhnung fällt wahrscheinlich am leichtesten, wenn schrittweise vorgegangen wird. Am Anfang sollten nur kurze Besuche in Begleitung eines Elternteils stattfinden. In Anwesenheit eines Elternteils fühlt sich ein Kind sicher beim Kennenlernen Ihrer Person und der neuen Umgebung.

Während dieser ersten Besuche empfiehlt es sich, zunächst einmal nur zu beobachten, wie sich Mutter oder Vater um das Kind kümmern – wie sie ihm den Mantel ausziehen, mit ihm zur Toilette gehen oder ihm helfen, sich die Hände zu waschen. Dann können Sie allmählich ein paar dieser Aufgaben übernehmen, während Vater oder Mutter anwesend sind und Ihnen dabei zuschauen. Auf diese Weise sieht das Kind, daß seine Eltern Ihnen trauen.

Diese Zeit können Sie dazu nutzen, um ein wenig mehr über das Kind herauszufinden. Es ist wichtig, die Eltern nach Vorlieben und Abneigungen des Kindes hinsichtlich der Nahrung und anderer Angelegenheiten der täglichen Routine zu fragen. Gibt es zu Hause Personen oder Tiere, die das Kind erwähnen könnte? Wie nennt das Kind diese Personen bzw. Tiere? Sie brauchen diese Informationen, um zu verstehen, worüber das Kind spricht. Gibt es besondere Worte oder Zeichen, die das Kind verwendet, wenn es auf die Toilette gehen möchte? Hat es einen Gegenstand zum Trösten, etwa einen Teddy oder eine Decke, auf den es in belastenden Situationen zurückgreift, und wie nennt es diesen Gegenstand? Sie können all dies aufschreiben, damit die Informationen auch den übrigen BetreuerInnen zur Verfügung stehen, aber auch als Gedächhtnisstütze für sich selbst.

All diese Kenntnisse werden Ihnen zu einer besseren Kommunikation verhelfen. Denn wenn das Kind dann zum ersten Mal alleine dableibt, wird es Ihnen leichter fallen, die Botschaften des Kindes zu verstehen und seine Sichtweise einzunehmen. Und weil es sich an Sie gewöhnen konnte, wird auch das Kind besser in der Lage sein, Sie zu verstehen.

Gehen die Eltern zum ersten Mal weg, sollten sie das Kind nur für ein paar Minuten zurücklassen und ihm zu verstehen geben, daß sie bald zurückkommen. Im Verlauf einiger Tage können sie die Dauer ihrer Abwesenheit dann allmählich erhöhen.

Manche Kinder sind trotz dieses schrittweisen Vorgehens geradezu aufgewühlt, wenn ihre Eltern weggehen.

In anderen Fällen kann ein irgendwie gearteter Notfall zur Folge haben, daß Kinder ohne jede Vorbereitung in der Obhut Fremder zurückgelassen werden müssen. Wenn ein Kind bei einer Trennung die Fassung verliert, sollten Sie seine Gefühle annehmen und ihm versichern, daß seine Eltern später wiederkommen. Während der ersten Tage der Trennung klammert es sich vielleicht besonders an Sie, und Sie sollten dies so weit wie möglich gestatten und die Gelegenheit nutzen, es besser kennenzulernen. Es wird an Sicherheit gewinnen, wenn es erkennt, daß Sie es verstehen und akzeptieren – mit seinen Gefühlen und allem, was dazugehört – und auf es eingehen, wenn es Sie braucht. Fühlt es sich dann erst einmal sicher, wird es auch riskieren, sich von Ihnen zu lösen und – im Wissen, daß Sie in der Nähe sind – interessante Spiele und Spielkameraden finden.

6.4   Gefühle Erwachsener widerspiegeln

Einfühlsame Kommunikation umfaßt auch die Wahrnehmung von Gefühlen Erwachsener sowie die Fähigkeit und Bereitschaft, sie widerzuspiegeln. Vielleicht müssen Sie jemandem – einer wütenden Kollegin oder einem aufgeregten Vater – zeigen, daß Sie wissen, wie sie sich fühlen, indem Sie deren Gefühle widerspiegeln. Wenn also ein Kollege zu Ihnen sagt „Heute abend fahre ich zu meiner Mutter..." und dabei einen tiefen Seufzer von sich gibt, so vermittelt ihm die Antwort „Dabei geht es Ihnen aber nicht gut...", daß Sie eine wichtige Botschaft aufgenommen haben. Sie spiegeln dabei seine

Gefühle wider. Dieses Vorgehen unterscheidet sich vom Widerspiegeln eines *Inhalts.*

Wenn – um das genannte Beispiel noch einmal zu verwenden – jemand sagt, „Heute abend fahre ich zu meiner Mutter..." und dabei einen tiefen Seufzer von sich gibt, Sie jedoch fröhlich antworten „Dann fahren Sie also nach Hamburg" und dabei den Seufzer völlig ignorieren, dann ignorieren Sie auch die Gefühle, die hinter diesen Worten stehen und spiegeln lediglich deren *Inhalt* wider. Es ist notwendig, die Gefühle einer Person zu akzeptieren, wie sie sind, selbst wenn Sie der Ansicht sind, sie seien unangemessen. Macht sich beispielsweise eine Mutter übermäßig Sorgen, daß ihr Kind die Windpocken haben könnte, ist es wenig hilfreich, ihr zu sagen „Sie machen sich also Sorgen, daß Ihr Kind die Windpocken hat", und dies womöglich noch im Ton völliger Herablassung, der nahelegt, daß sie dumm ist, wenn sie sich wegen solch einer Banalität aufregt. Ist die Mutter sehr ängstlich, sollten Sie zunächst zeigen, daß Sie verstehen und akzeptieren, wie sie sich fühlt. Anschließend können Sie ihr dann ein paar Informationen geben, die die Angelegenheit ins rechte Licht rücken, z. B. daß Windpocken für ein 5jähriges Kind zwar unangenehm, aber nicht gefährlich sind.

Gehen Sie beim Geben von Feedback vorsichtig vor, denn es kann sein, daß Sie die Gefühle der anderen Person mißverstanden oder überschätzt haben. Sagen Sie beispielsweise „Sie sehen etwas abgespannt aus" statt „Sie sehen aus wie am Boden zerstört" oder „Ich glaube, Sie machen sich Sorgen, daß er die Windpocken hat" statt „Sie haben wohl furchtbare Angst davor".

In manchen Situationen gewinnen Sie vielleicht den Eindruck, daß Ihnen die Annahme von Gefühlen über den Kopf wächst. Vielleicht glauben Sie, die Situation sei schwer zu handhaben, wenn Ihnen Ihr Gegenüber mehr über die Dinge sagt, die ihm Sorgen bereiten. Das kann beispielsweise der Fall sein, wenn Sie merken, daß eine Mutter Ihnen anzuvertrauen versucht, daß ihr Kind mißbraucht wurde. In solchen Fällen, und wenn Sie der Ansicht sind, daß es sich um eine für das betroffene Kind ernste Situation handelt, ist es besser, erfahrenere Kolleginnen oder Kollegen über das Geschehen in Kenntnis zu setzen und sie die Situation bewältigen zu lassen, als daß Sie es selbst versuchen.

Zusammenfassend gesagt: Wenn Sie also den Prozeß der Kommunikation, zu dem auch das Mitteilen von Gefühlen gehört, fördern wollen, versuchen Sie, die Dinge aus der Sicht Ihres Gegenübers zu sehen, nehmen Sie dessen Botschaften an, und machen Sie das auch deutlich. Dies mag anfangs nicht leicht fallen, aber Übung hilft.

**Zum
Diskutieren
oder Nach-
denken**

■ Haben Sie jemals die Erfahrung gemacht, daß jemand Ihre Gefühle ignoriert?
Wurden Ihre Gefühle irgendwann einmal verleugnet oder abgestritten?
Haben Sie schon einmal bemerkt, wie dies bei jemand anderem geschah?
Wie war die Reaktion?

■ Gibt es bei Ihrer Arbeit irgendwelche Probleme mit der Anerkennung der
Gefühle anderer? Entstehen Ihnen Nachteile, wenn Sie die Gefühle anderer
nicht annehmen?

Übung

Üben Sie das Widerspiegeln von Gefühlen mit einer anderen Person. Denken Sie
an ein Problem bei der Arbeit oder in Ihrer Ausbildung, das Sie mit jemand anderem zu teilen bereit sind.
Suchen Sie sich einen Partner oder eine Partnerin, und erzählen Sie sich um-
schichtig jeweils 5 Minuten lang das Problem, für das Sie sich entschieden haben.
Wenn es an Ihnen ist, zu sprechen, denken Sie daran, hin und wieder inne-
zuhalten, um der anderen Person die Möglichkeit des Widerspiegelns zu geben.
Die zuhörende Person sollte Gefühle widerspiegeln und ermutigendes Zuhören
einsetzen. Tauschen Sie dann die Rollen, so daß Sie beide einmal zuhören und
sprechen.
Nachdem dies geschehen ist, sollten Sie einander mitteilen, wie das Sprechen
und Zuhören jeweils für Sie war. Haben Sie etwas dabei gelernt?

In der Praxis

Üben Sie bei passender Gelegenheit das Widerspiegeln von Gefühlen, wenn Sie
mit Kindern oder Erwachsenen kommunizieren.
Achten Sie darauf, was geschieht: Wie werden Ihnen die Gefühle übermittelt?
Wie reagiert Ihr Gegenüber auf das Widerspiegeln? Sind Sie zufrieden damit, wie
Sie mit dieser Kommunikationstechnik umgehen?

Beobachtung

Schauen Sie sich im Fernsehen ein Schauspiel oder eine Seifenoper an, und beobachten Sie eine der Hauptrollen. Welche Gefühle vermittelt der Schauspieler
bzw. die Schauspielerin? Wie reagieren andere darauf? Werden die Gefühle
angenommen, widergespiegelt, verleugnet oder ignoriert?

6.5 Traurige Ereignisse im Leben eines Kindes

Früher oder später kommt es immer vor, daß ein Kind durch ein Ereignis in
der Familie – etwa den Verlust eines Elternteils durch Krankheit, Tod oder
Scheidung – aufgewühlt wurde. Das ist schmerzlich für die BetreuerInnen,
denn sie wissen, daß sie das Ereignis nicht ungeschehen machen können,

und möglicherweise werden sie an traurige Erlebnisse aus ihrer eigenen Vergangenheit erinnert.

Aufgrund eigener schmerzlicher Gefühle versuchen manche BetreuerInnen vielleicht zu vermeiden, mit dem Kind über das Ereignis zu sprechen. Das ist unklug: Wenn Kinder bereits traurig, ängstlich oder wütend sind, kann es sie verwirren und damit zu ihrem Unglücklichsein beitragen, wenn ihre Gefühle ignoriert, verleugnet oder sonstwie „unter den Teppich gekehrt" werden. Es ist hilfreicher, die Gefühle anzunehmen und dem Kind zu zeigen, daß Sie dies tun. Das soll nicht heißen, daß Sie von sich aus schmerzliche Themen ansprechen müssen; wenn die Kinder jedoch von selbst damit beginnen, sollten Sie das akzeptieren.

Manchmal stellen Kinder Fragen zu Themen wie Tod und Krankheit, und Sie wissen nicht, wie Sie damit umgehen sollen. Vielleicht machen Sie sich Gedanken, weil Sie nicht sicher sind, ob die Kinder schon das nötige Alter erreicht haben, um die Antwort verstehen und verarbeiten zu können. Es ist immer am besten, diese Art von Fragen offen zu beantworten. Tun Sie das nicht, laufen Sie Gefahr, die Kinder zu verwirren. Unter Umständen flößen Sie ihnen sogar noch mehr Angst ein, denn wenn ihnen die Antwort vorenthalten wird, müssen sie annehmen, daß sie entsetzlich ausfallen würde. Antworten Sie einfach und wahrheitsgemäß, und stellen Sie sich darauf ein, weitere Fragen zu beantworten (s. a. S. 84–87).

Vielleicht stellen Sie fest, daß Sie im Laufe Ihrer Arbeit stark in die Ereignisse einbezogen werden, die im Leben der Kinder geschehen, genauso wie in die Gefühle, die sie damit verbinden, und daß Sie das belastet. Wenn dies der Fall ist, kann das Gespräch mit einer Person Ihres Vertrauens oder mit erfahreneren BetreuerInnen Ihnen helfen, die eigenen Gefühle hinsichtlich der Situation zu ordnen und anzunehmen. Dann fällt es leichter, den Kindern die Akzeptanz und Unterstützung zukommen zu lassen, die sie brauchen.

Zum Diskutieren oder Nachdenken

■ Ein Mädchen aus einer Spielgruppe für Behinderte starb. Wenige Monate nach ihrem Tod gab es eigens eine Gedächtnisfeier für sie. Die Kinder und die BetreuerInnen pflanzten zusammen einen Baum, sprachen über die Tote und gedachten ihrer. Die Kinder hatten Dekorationsgegenstände gebastelt, die sie während der Zeremonie an den Baum hängten.
Was halten Sie von diesem Vorgehen? Wie hätten Sie sich als BetreuerIn gefühlt? Sollten behinderte Kinder beim Gespräch über den Tod und andere traurige Ereignisse anders behandelt werden? Halten Sie eine Gedächtnisfeier in einem Kindergarten für angemessen, wenn eine Lehrkraft oder ein Kind gestorben ist? Was steht hinter Ihren Antworten auf diese Fragen?

■ Sie sind Tagesmutter, und ein Kind, das Sie 2 Jahre lang betreut haben, stirbt. Die anderen Kinder fragen danach. Was antworten Sie?
„Keine Fragen mehr, eßt weiter!"
„Tracys Mutter ist umgezogen und sie kommt nicht mehr."
„Tracy war krank und ist gestorben."

Nehmen Sie sich die einzelnen Antworten vor: Welche Probleme sehen Sie jeweils daraus hervorgehen? Gibt es bessere Antworten? Was würden Sie sagen?

■ Sie sind SpielbegleiterIn. Gary kommt strahlend auf Sie zu und sagt: „Papi kommt morgen aus dem Gefängnis!" Sie wußten nicht, daß er dort ist. Was antworten Sie:
„Das ist ja prima!"
„Erzähl' keine Geschichten!"
„Möchtest du heute abend Fußball spielen?"
Oder geben Sie eine andere Antwort? Aus welchen Gründen haben Sie Ihre Wahl getroffen?

Beobachtung

Beobachten Sie Kinder eine Weile, und achten Sie besonders auf deren Gefühle. Welche Gefühle beobachten Sie Ihrer Ansicht nach? Woran erkennen Sie sie? Können Sie feststellen, ob die Gefühle von Erwachsenen und anderen Kindern angenommen, verleugnet oder ignoriert werden?

Widerspiegeln von Gefühlen – Kernpunkte

■ Gefühle spielen in der interpersonalen Kommunikation eine große Rolle. Seien Sie daher wachsam gegenüber verbalen und nonverbalen Botschaften von Erwachsenen und Kindern, die Gefühle ausdrücken. Beobachten Sie aufmerksam!

■ Geben Sie Feedback darüber, daß Sie die Gefühle aufgenommen haben, das heißt, identifizieren Sie die Gefühle, und spiegeln Sie sie der anderen Person zurück. Damit zeigen Sie, daß Sie Ihr Gegenüber annehmen.

■ Ignorieren oder verleugnen Sie die Gefühle anderer nicht.

■ Wenn eine Situation ernst erscheint, und Sie sich nicht zutrauen, allein damit zurechtzukommen, informieren Sie eine erfahrenere Kollegin oder einen erfahreneren Kollegen darüber.

■ Beantworten Sie Fragen eines Kindes zu traurigen oder schmerzlichen Themen so einfach und direkt wie möglich.

7 Mitteilungen über sich selbst

Bisher haben wir uns auf Feedback und besonders auf all jene ermutigenden Reaktionen konzentriert, die Sie zeigen können, um anderen zu wirkungsvoller Kommunikation zu verhelfen, wenn sie über sich selbst und ihre Belange sprechen. Es gibt jedoch während der Arbeit auch Gelegenheiten, bei denen Sie einen eigenen Gesprächsbeitrag leisten oder von sich selbst und Ihren Interessen sprechen möchten. Wenn Sie anderen Menschen etwas von sich erzählen, das diesen bislang unbekannt war, so enthüllen Sie etwas von sich. Sie tun dies häufig in Ihrer Familie und unter Freunden. Sie erzählen ihnen, wie Ihr Tag war, wie Sie sich fühlen und was auf Sie zukommt. Vielleicht sprechen Sie über wichtige Dinge, die in der Vergangenheit geschehen sind, oder über Probleme in der Gegenwart.

Grundsätzlich ist es gut, offen zu sein und Erfahrungen mitzuteilen. Das gilt für die Arbeit ebenso wie zu Hause.

Natürlich möchten Sie nicht alles mit allen teilen. Vielleicht denken Sie daran, bestimmte Informationen für sich zu behalten, nicht weil Sie geheimnistuerisch sind, sondern weil Sie beschlossen haben, daß dies nicht die geeignete Person bzw. der richtige Zeitpunkt für eine Mitteilung ist. Oft treffen Sie diese Wahl beinahe instinktiv, ohne viel darüber nachdenken zu müssen. Bisweilen müssen Sie jedoch hinsichtlich einer Selbstenthüllung, die Sie am Arbeitsplatz machen wollen, eine bewußte Entscheidung treffen. Das ist deshalb erforderlich, weil manche Arten der Selbstenthüllung, obwohl sonst durchaus gängige Bestandteile der Kommunikation, dem entgegenstehen können, was Sie bei der Arbeit erreichen wollen. Sie müssen daher unter Umständen überlegen, wann und wem gegenüber Sie etwas von sich selbst enthüllen, und was sich dazu eignet.

7.1 Wann eine Enthüllung hilfreich ist

Im folgenden werden einige Punkte beschrieben, die Ihnen bei der Entscheidung helfen sollen, ob eine Enthüllung angebracht ist oder nicht.

7.1.1 Ist die Information geeignet?

Informationen über die eigene Person sind von unterschiedlichem Intimitätsgrad und verschiedenem Gewicht. Wie die folgenden miteinander in Kontrast stehenden Beispiele zeigen, kann das Enthüllen privater Informationen unpassend sein:

■ Eine Spielbegleiterin spricht mit einem Kind und sagt: „Bist du am Samstag an die Küste gefahren? Ich war auch da – wir sind nach Marshbanks gefahren. Für meinen Geschmack ist es dort zu schlammig."

■ Eine Kindergärtnerin sagt zu einer Mutter: „Ich habe heute morgen vergessen, meine Antidepressiva einzunehmen, und alles zieht mich 'runter'."

Im ersten Beispiel enthüllt die Spielbegleiterin etwas von sich selbst. Sie sagt dem Kind, was sie am Samstag getan hat, und das Kind hätte dies auf andere Weise nicht in Erfahrung bringen können. Diese Mitteilung könnte der Beginn eines interessanten Gesprächs sein. Beim zweiten – höchst unwahrscheinlichen – Beispiel überlasse ich es Ihnen, sich ein paar der Konsequenzen vorzustellen! Es beinhaltet jedoch eine wichtige Lektion: Je tiefergehend und gewichtiger die Enthüllung, desto mehr Schwierigkeiten könnte es in bezug auf ihre Angemessenheit geben. Eine persönliche Information von großer Tragweite sollte nicht ohne guten Grund mitgeteilt werden. Beachten Sie bitte, daß dies nicht heißt, solche Dinge niemals mitzuteilen, sondern daß es einen gleichermaßen wichtigen Grund für dafür geben sollte.

7.1.2 Enthüllung kann Nähe schaffen

Jemand anderem etwas über sich selbst zu erzählen, verringert die Distanz zu der jeweiligen Person und kann die Bereitschaft erhöhen, Erfahrungen mit Ihnen zu teilen. Vielleicht spüren Sie, daß eine zurückhaltende Person etwas Ermutigung braucht, damit Sie sich besser kennenlernen – und eine Art, dies zu tun, besteht darin, ein wenig über sich selbst zu sprechen. (Wir werden im nächsten Kapitel sehen, daß das Abschießen einer Serie von Fragen, wie es manchmal geschieht, um eine Unterhaltung in Gang zu bringen, das Gespräch in Wirklichkeit erschweren kann.)

Stellen Sie sich vor, Sie seien SpielbegleiterIn und säßen während einer Busfahrt zur Küste neben einer ehrenamtlichen Betreuerin, die neu in der Gruppe ist und recht zurückhaltend zu sein scheint. Um ihr zu helfen, sich ein wenig wohler zu fühlen, können Sie ihr Gelegenheit geben, über sich selbst zu erzählen. Wenn Sie in diesem Fall zunächst über eigene Erlebnisse und Erfahrungen sprechen, wie z. B. „Das erinnert mich an Klassenfahrten, als ich noch klein war...", könnte das die Dinge ins Rollen bringen. Solange Sie der Kollegin Gelegenheit geben, sich einzubringen bedeutet das keineswegs, das Gespräch an sich zu reißen.

Auch bei Ihren Gesprächen mit Kindern ist Raum für das Mitteilen eigener Erfahrungen. Sie können die Kommunikation mit einem Kind anregen, indem Sie etwas über sich selbst – Erlebnisse, Gefühle, Gedanken – erzählen, und dies kann für den Verlauf der Unterhaltung bedeutend förderlicher sein als eine Flut von Fragen (s. S. 80). Darüber hinaus können Sie eine Reihe interessanter Themen ins Gespräch bringen, die das Verständnis des Kindes fördern und seinen Horizont erweitern.

Zum Diskutieren oder Nachdenken

- Können Sie sich an interessante Erwachsene aus Ihrer eigenen Kindheit erinnern? Was haben sie Ihnen erzählt?
- Besaßen diese Personen irgendwelche besonders fesselnde Gegenstände, die Ihre Neugier erweckten und zu einem anregenden Gespräch führten, vielleicht Fotografien oder Nippesfiguren, Schmuck oder andere Wertgegenstände?
- Tragen Sie persönliche Habseligkeiten bei sich, die Sie aus der Tasche oder Handtasche holen können, und die Sie unter Berücksichtigung des Alters der Kinder verwenden können, um ein Gespräch zu beginnen? Gibt es Dinge, die Sie von zu Hause mitbringen können und die interessant für die Kinder sein könnten?
- Mit wem ist es Ihrer Erfahrung nach leichter, ein Gespräch zu führen – aber nicht in Form einer bloßen Abfolge von Fragen und Antworten: mit jemand Erwachsenem oder mit einem Kind?

7.1.3 Verständnis zeigen durch Mitteilen von Erfahrungen

Indem Sie über eigene Erfahrungen sprechen, können Sie zeigen, daß Sie das Problem Ihres Gegenübers verstehen.

Die Betreuerin in einer Kinderkrippe sagt zu einer Mutter: „Weckt er Sie nachts immer noch auf? Ich weiß, wie das ist – mit meinem war es genauso. Ich habe mich immer danach gesehnt, einmal sechs Stunden durchschlafen zu können!" Die Mutter weiß, daß ihre Situation richtig eingeschätzt wird.

Denken Sie jedoch daran, daß die Erfahrungen zweier Menschen sich zwar oberflächlich gesehen gleichen, in Wirklichkeit aber sehr verschieden sein können. Vielleicht verstehen Sie die Gefühle eines anderen Menschen in einer schwierigen Situation nicht wirklich, obwohl Sie selbst etwas durchlebt haben, das Ihnen ähnlich erscheint. Die Gefühle bei einer Scheidung beispielsweise brauchen mit denen bei einer anderen Scheidung nicht das geringste gemein zu haben. Erheben Sie daher nicht den Anspruch, vollkommen zu verstehen, was einem anderen Menschen geschieht, nur weil es Ihnen selbst einmal geschehen ist. Seien Sie bereit zuzuhören.

7.2   Wann eine Enthüllung nicht hilft

7.2.1   Enthüllungen als Belastung

Ihre Probleme mitzuteilen kann bedeuten, andere damit zu belasten. Dies kann unter Freunden annehmbar sein, ist jedoch im Rahmen beruflich-professioneller Beziehungen nicht angebracht. Bei der Arbeit besteht Ihre Aufgabe darin, den Kindern und ihren Familien zu Diensten zu sein, diese jedoch haben Ihnen gegenüber keine vergleichbaren Verpflichtungen.

Auch kann eine Selbstenthüllung den Schwerpunkt eines Gesprächs so stark auf Ihre Interessen verlagern, daß sie nicht mehr von Nutzen ist. Wenn eine Mutter mit Ihnen über ihr Baby und die Probleme beim Stillen sprechen möchte, könnte es eine Störung bedeuten, wenn Sie ihr erzählen, daß Ihre Nichte im gleichen Alter feste Nahrung bekommt und somit nahelegen, daß Sie an den Schwierigkeiten der Mutter nicht interessiert sind. Wie wir bereits gesehen haben, gibt es während Ihrer Arbeit viele Gelegenheiten, bei denen ermutigendes Zuhören und Widerspiegeln die geeignetsten Reaktionen darstellen und eher zur Verwendung kommen sollten, als das Enthüllen von Informationen über Sie selbst.

7.2.2   Dominieren des Gesprächs

Bisweilen ergreifen Personen während eines Gesprächs allzusehr die Initiative und reden eine Menge über sich selbst, ohne anderen die Möglichkeit zu geben, ihren Beitrag zu leisten. Das ist langweilig für die anderen und kann dazu führen, daß sie sich von der betreffenden Person nicht angemessen gewürdigt fühlen. Manche BetreuerInnen in Kinderkrippen glauben, die Kinder andauernd mit Sprache überfluten zu müssen, weil sie gehört haben, daß Sprache über sprachliche Vorbilder erworben wird. Es ist auch wichtig, sich abzuwechseln, und es muß unter Verwendung der im vorangehenden Kapitel bereits besprochenen Techniken Raum für den Anteil der Kinder am Gespräch geschaffen werden.

7.2.3 Freundschaftlich oder freundlich?

Gewisse persönliche Mitteilungen können den Eindruck erwecken, als ob Sie jemand anderem eher in Freundschaft als in Freundlichkeit zugewandt seien. Es ist wichtig, sich über Ihre Beziehung zu den Menschen, denen Sie bei der Arbeit begegnen, im klaren zu sein. Es besteht ein Unterschied zwischen Ihrer Beziehung zu Freunden und der zu Eltern oder KollegInnen. Ihre Freunde wählen Sie sich selbst, nicht jedoch Ihre beruflichen Kontakte. Freunde stehen in einer Beziehung auf ziemlich gleicher Ebene, die auf dem Umstand beruht, gern beisammen zu sein. Beziehungen mit KollegInnen, Eltern und Kindern unterliegen dagegen nicht Ihrer persönlichen Wahl. Bisweilen mag es sogar vorkommen, daß Sie mit Personen zusammenarbeiten, die Sie eigentlich nicht leiden können. Es kann zwar sein, daß sich bei der Arbeit Freundschaften entwickeln, in der Regel beruhen Arbeitsbeziehungen jedoch auf der Dienstleistung für Kinder und Eltern und auf der Zusammenarbeit mit KollegInnen. Wenn Sie bestimmten Eltern oder Kindern mehr über sich selbst erzählen als anderen, läßt das vermuten, daß Sie diese Personen bevorzugen, daß Sie „Lieblinge" haben. Das wiederum kann dazu führen, daß sich andere Eltern oder Kinder ausgeschlossen fühlen und zu der Ansicht kommen, es gebe „Cliquen". Dies soll nun nicht heißen, daß Freundlichkeit, Sensibilität, Ermutigung, Wärme keinen Platz in Ihrer Arbeit haben sollen. All das ist in Wirklichkeit von größter Bedeutung, sollte jedoch nach besten Kräften gegenüber allen, mit denen Sie arbeiten, in gleichem Maße an den Tag gelegt werden.

Zum Diskutieren oder Nachdenken

■ Inwieweit halten Sie es unter Berücksichtigung des soeben Gelesenen für angebracht, wenn jemand bei der Arbeit in einer Kinderkrippe oder Spielgruppe für Kleinkinder zu einem Elternteil folgendes sagt:
„Am Montag habe ich wieder keine Lust gehabt, zur Arbeit zu kommen."
„Ich werde für ein paar Wochen weg sein, weil ich heirate."
„Ich habe den größten Teil des Wochenendes für meine Partei gearbeitet."
„Ich weiß, was Sie meinen. Ich bin selbst verwitwet."
„Bei meinem Vater bin ich mit meinem Latein am Ende. Ich glaube, ich sollte eigentlich zu Hause bleiben und mich um ihn kümmern, aber ich muß arbeiten, um Geld zu verdienen."
Bei welcher Bemerkung fiel Ihnen die Entscheidung am schwersten? Warum?
■ Was halten Sie von folgender Feststellung: „In bezug auf Selbstenthüllungen können keine Regeln aufgestellt werden. Das hängt von der Arbeit und dem Arbeitsplatz ab, ob man nun als Kindermädchen oder Tagesmutter, als KindergartenleiterIn einem Krankenhaus, als SpielbegleiterIn in einem Nachmittagsprogramm für Schulkinder o. ä. arbeitet."
■ Was halten Sie von folgender Ansicht: „Man kann sowohl mit Eltern als auch mit KollegInnen befreundet sein."
■ Was spricht dafür bzw. dagegen, daß BetreuerInnen in einem Kindergarten religiöse Symbole oder Parteiabzeichen tragen?
■ Sollte man sich gegenüber Eltern oder Kindern jemals über Probleme mit KollegInnen äußern?

Beobachtung

Machen Sie sich den Anteil an Selbstenthüllung bewußt, wenn Menschen miteinander sprechen. Achten Sie darauf bei der Arbeit und wo immer Sie sind. Oder schauen Sie sich im Fernsehen 15 Minuten lang ein Schauspiel oder eine Seifenoper an, und konzentrieren Sie sich dabei auf einen Darsteller oder eine Darstellerin. Setzt diese Person ermutigendes Zuhören, Widerspiegeln, Fragen oder Selbstenthüllung ein? Verwendet sie eines davon häufiger?

Ist Ihnen bei der Rolle, die Selbstenthüllung in der Kommunikation spielt, irgend etwas besonders aufgefallen? Wie verbreitet ist sie? Fallen Ihnen Gespräche auf, bei denen wenig Selbstenthüllung vorkommt? Was sind das für Gespräche?

Mitteilungen über sich selbst – Kernpunkte

■ Selbstenthüllung liefert anderen Menschen Informationen über Sie selbst, die diese ansonsten nicht bekämen.

■ Selbstenthüllung Ihrerseits kann auch andere dazu ermutigen und dazu veranlassen, über sich selbst zu sprechen.

■ Selbstenthüllung kann Sie zugänglicher erscheinen lassen.

■ Etwas von sich selbst offenzulegen, kann eine andere Person zu der Vermutung bringen, daß Sie ihre Situation verstehen und mit ihr übereinstimmen. Seien Sie jedoch vorsichtig, denn wenn bei Ihnen ein derartiges Gefühl auftritt, kann es irreführend sein.

■ Selbstenthüllung birgt auch Gefahren in sich. Sie kann andere mit Ihren Problemen belasten und den Schwerpunkt von der anderen Person auf Sie selbst verlagern. Sie kann zu der Vermutung führen, daß Sie eher freundschaftlich als freundlich gesinnt sind, und sie kann Anlaß geben, eine Bevorzugung anzunehmen, wenn Sie jemand Bestimmtem mehr enthüllen als anderen.

8 Fragen

Eine qualitativ hochstehende interpersonale Kommunikation umfaßt zahlreiche Aktivitäten: Beobachten und Zuhören, das Vermeiden von Störungen, das Widerspiegeln und das Sprechen über sich selbst, die eigenen Gefühle, Vorstellungen und Erfahrungen. Dieses Kapitel enthält eine Einführung in den Gebrauch von Fragen, vor allem im Hinblick auf die Arbeit in Kinderkrippen und Spielgruppen für Kleinkinder. Fragen sind bei der Kinderbetreuung eine vertraute Form der Einflußnahme, wir sind uns jedoch der Auswirkungen bestimmter Arten von Fragen auf die Kommunikation mit Erwachsenen und Kindern nicht immer bewußt. Manchmal fördern sie den kommunikativen Prozeß, manchmal behindern sie ihn.

8.1 Offene und geschlossene Fragen

Gekonnt Fragen zu stellen, ist eine Kunst für sich – denken Sie nur an ein gutes Interview im Radio verglichen mit einem, das schiefgeht. Geschickte InterviewerInnen scheinen mit einer einfachen Frage lediglich eine Unterhaltung zu beginnen, setzen sie dann durch weitere Fragen fort und bringen so die Ansichten und Erfahrungen der Befragten ans Licht. Andere InterviewerInnen veranlassen die Befragten durch eine Flut von Fragen, die nur kurz oder einsilbig beantwortet werden können, zum Rückzug. Es gibt mehr als nur eine Art zu fragen, und die richtige Auswahl kann darüber entscheiden, ob Sie genügend Information von den Befragten bekommen oder nicht. Es empfiehlt sich, Fragen in „offene" und „geschlossene" zu unterteilen.

8.1.1   Geschlossene Fragen

Geschlossene Fragen sind Fragen, die sich recht einfach, oft mit einer kurzen und knappen Antwort beantworten lassen, z. B.:

„Hat dir der Film gefallen?"
„Du hast ein Haus gezeichnet, nicht wahr?"
„Ist das eine Katze?"
„Magst du Pilze?"
„Hast du ihre neue Platte gehört?"
„Möchtest du die rote oder die blaue Tasse?"

All diese Fragen sind geschlossene Fragen, und die Antworten darauf können sehr gut aus nur einem einzigen Wort – „Ja", „Nein", „Rot" oder „Blau" – bestehen. Wenn Sie bei der Arbeit hauptsächlich geschlossene Fragen stellen, könnte eine zurückhaltende Person, z. B. ein Kind, ein neuer hinzugekommener Elternteil oder eine neue Kollegin mit nur einem Wort antworten, und es ist dann wieder an Ihnen, das Gespräch weiterzuführen. Oder anders gesagt: Wenn Sie geschlossene Fragen stellen, übernehmen Sie die Führung des Gesprächs. Falls Ihr Gegenüber nicht sehr resolut ist, wird es ihm nicht leicht fallen, etwas beizusteuern oder Themen anzusprechen, die seinem Interesse entgegenkommen.

8.1.2   Offene Fragen

Im Gegensatz zu geschlossenen Fragen lassen offene Fragen der angesprochenen Person erheblich mehr Wahlmöglichkeiten bezüglich der Antwort. Sie beginnen oft mit „Wie" oder „Warum", z. B.:

„Warum wollten Sie mich sprechen?"
„Wie haben Sie die Glasur so glatt hinbekommen?"
„Wie ist Ihre neue Wohnung im Vergleich zur alten?"
„Was meinst du dazu?"

Die antwortende Person ist bei offenen Fragen niemals auf „Ja" oder „Nein" beschränkt, sondern erhält Gelegenheit, ausführlich zu antworten und zusätzliche Informationen und Ansichten einzubringen, falls sie dies wünscht. Das bedeutet nicht, daß Sie niemals geschlossene Fragen verwenden sollten. Sie helfen, Dinge zu klären. So prüft z. B. jemand durch die Frage „Wolltest du damit sagen, daß das Fenster die ganze Nacht über offen war?" ob er bzw. sie die Situation richtig verstanden hat. Geschlossene Fragen dienen auch dazu, einfache Informationen zu erhalten, etwa bei der Frage: „Wie alt ist er?"

Offene Fragen sind jedoch besser als geschlossene, wenn Sie jemanden ermutigen möchten, über seine Erfahrungen zu sprechen.

Fragen, die mit einem „Wie" beginnen, sind weniger bedrohlich als Fragen, die mit einem „Warum" anfangen. Sicher erkennen Sie den kleinen Unterschied zwischen „Warum haben Sie sie in den Kindergarten geschickt?" und „Wie kamen Sie auf den Gedanken, sie in den Kindergarten zu schicken?". Bei der ersten Frage geht es um Gründe, und eine furchtsame Person könnte annehmen, daß hier das Risiko besteht, eine falsche Antwort zu geben. Die Frage „Wie kamen Sie auf den Gedanken, sie in den Kindergarten zu schicken?" fragt dagegen nach den Erfahrungen einer Person, nach den Ereignissen, die zu einer Entscheidung geführt haben und wirkt gewöhnlich weniger bedrohlich.

Übung

Zwanzig Fragen. Suchen Sie sich eine Partnerin oder einen Partner, und schreiben Sie jeweils den Namen eines Ihnen bekannten Kindes auf. Sie haben jeweils 20 Fragen, um so viel wie möglich über das Kind herauszufinden, das Ihr Gegenüber gewählt hat: sozialer Hintergrund, Alter, Geschlecht, Vorlieben und Abneigungen, was es überhaupt für ein Kind ist usw. Die einzigen erlaubten Antworten sind „Ja" und „Nein". Die Fragen müssen also entsprechend formuliert werden, das heißt, es müssen geschlossene Fragen sein.
Nachdem Sie sich abgewechselt haben, spielen Sie dasselbe Spiel mit einem neuen Partner noch einmal. Diesmal aber verwenden Sie offene Fragen. Welcher Unterschied ist Ihnen zwischen den beiden Übungen aufgefallen – sowohl beim Fragen als auch beim Antworten? Wie haben Sie sich gefühlt? Wurde Ihnen durch offene oder durch geschlossene Fragen ein besseres Bild des Kindes vermittelt?

8.2 Hilfreiche Fragen

8.2.1 Fragen geben Raum zum Sprechen

Mütter und andere Pflegepersonen setzen ständig Fragen ein und zeigen damit dem Baby, daß es seinen Part in einer Unterhaltung übernehmen kann. „Das magst du, nicht wahr?" sagt die Mutter zu ihrem zwei Monate alten Baby, noch lange bevor es, ihr antworten kann. Kurze Ergänzungen in Frageform, die an eine Feststellung angehängt werden, dienen oft dazu, dem Gegenüber zu vermitteln, daß es jetzt seinen Teil der Unterhaltung übernehmen kann. Konsequenterweise werden Fragen dieser Art als Ergänzungsfragen bezeichnet. „Das war ein guter Film, nicht wahr?" fragen Sie, oder Sie geben mit der Äußerung „Sie wissen, was ich meine?" einen Gesprächsgegenstand wieder zurück, nachdem Sie Ihre Meinung dazu geäußert haben.

Manchmal dienen Fragen als Widerspiegelung. Jemand sagt: „Ich arbeite wirklich gerne auf der Station für behinderte Kleinkinder", und eine Freundin antwortet mit einer Frage, die das eben Gesagte widerspiegelt: „Es macht dir also Spaß?" Mit dieser Frage wird das Gegenüber aufgefordert, weiter über seine Erfahrungen zu berichten. Eine kurze Frage kann auch dazu benutzt werden, ein Kind am Sprechen zu halten: „Ich bin mit Mami spazieren gegangen", sagt das Kind. „Tatsächlich?", fragt die Betreuerin. „Ja, und da haben wir Papis Omi gesehen", fährt das Kind durch die Frage ermutigt fort.

8.2.2   Fragen helfen klären

Manchmal müssen Sie Fragen stellen, um eine Situation zu klären: wenn etwas unklar ist, wenn Sie etwas nicht verstehen oder wenn Sie zusätzliche Informationen benötigen. Gelegentlich fehlt Menschen das nötige Selbstvertrauen dazu, und sie scheuen sich davor, nach etwas zu fragen, weil sie sich nicht lächerlich machen wollen. Dies ist ein Fehler, der zu Problemen und Verwirrung führen kann.

So wird einer neuen Kollegin auf einer Neugeborenenstation gesagt, daß bei einem Baby ein Guthrie-Test durchgeführt werden wird. Sie weiß nicht, was das ist, ist jedoch zu schüchtern, um nachzufragen. Später, als sie der Mutter beim Stillen hilft, scheint diese aufgeregt zu sein: Sie fragt nach dem Test und ob er bedeutet, daß etwas mit dem Baby nicht stimmt. Das Zögern der Kinderkrankenschwester hilft da nicht. Weil sie nichts darüber weiß, kann sie auch nicht antworten, daß der Test Routine ist und bei allen Babies durchgeführt wird. Ihre Verlegenheit wird spürbar, als ob es da etwas gäbe, über das sie nicht sprechen möchte, und dies ist für die Mutter besorgniserregend.

8.2.3   Fragen zeigen Interesse

Fragen, vor allem offene, können zeigen, daß Sie ein freundliches Interesse an jemandem haben. Wenn es nicht zu viele sind, helfen sie der anderen Person, sich zu entspannen und leichter über sich zu sprechen. Ein „Wo waren Sie im Urlaub? Wie war es?" könnte die Dinge in Gang bringen.

8.3   Wenn Fragen nicht helfen

8.3.1   Zuviele Fragen

Obwohl Fragen signalisieren können, daß Sie an Ihrem Gegenüber interessiert sind, können allzuviele davon einschüchternd und beinahe inquisitorisch wirken. Sie müssen demnach auch andere kommunikative Fertigkeiten nutzen, wenn Sie ein Gespräch führen, das in Gefahr gerät, sich festzufahren. Beispielsweise könnten Sie etwas aus Ihrem eigenen Erleben mitteilen, etwa: „Ich bekomme diese Glasur nie richtig hin, deshalb bitte ich immer eine Freundin, sie für mich zu machen." Gefolgt von einer weiteren Frage, falls nötig: „Wie haben Sie das gelernt?" Sie können auch Widerspiegeln einsetzen: „Das macht Ihnen wirklich Spaß", und dann auf eine Antwort warten.

Zu viele Fragen können eine Kommunikation beenden.

8.3.2   Fragen zu sensiblen Themen

Wir alle sind irgendwann einmal jemandem begegnet, der nach Dingen fragte, die ihn nichts angingen, Fragen stellte, die empfindliche Bereiche berühren und Ablehnung hervorrufen. Bei der Arbeit in Kinderkrippen oder Spielgruppen für Kleinkinder sind Fragen nach dem Privatleben einer Person nicht notwendig und sollten nicht vorkommen. Manchmal müssen Vorgesetzte jedoch Fragen zu sensiblen Themen stellen, um eine Situation zu klären.

Eine Bemerkung, die ein Vater gerade gemacht hat, könnte beispielsweise die Vermutung nahelegen, daß ihn die Mutter des Kindes verlassen hat. Eine Betreuerin könnte sich daraufhin dazu entschließen, dies durch eine Frage zu klären: „Ich bin nicht sicher, ob ich das richtig verstanden habe, aber lebt Emmas Mutter zur Zeit nicht bei Ihnen?" Falls der Vater ihr diese Information tatsächlich zukommen lassen wollte, war die Frage gerechtfertigt, denn es ist für die Betreuerin wichtig, in solchen Dingen Bescheid zu wissen,

Trotzdem können Fragen, die auf sensible Bereiche abzielen, bedrohlich und bedrängend sein. Fragen Sie sich daher vor einer solchen Frage selbst:

■ Ist es wirklich wichtig für mich, dies herauszufinden? Muß ich wirklich zum Nutzen des Kindes und um meiner beruflichen Pflichten willen Bescheid wissen?

■ Bin ich die richtige Person, um diese Frage zu stellen? Vielleicht ist es besser, zuerst mit jemandem in verantwortlicher Position über meine Sorge hinsichtlich des Wohles des Kindes zu sprechen?

Fragen zu stellen heißt Verantwortung zu übernehmen. Sensible Informationen, die durch ermutigende Selbstenthüllungen (s. Kap. 7) und das Stellen von Fragen gewonnen wurden, bringen die Verantwortung mit sich, sie zum Nutzen des Kindes zu verwenden. Wenn Ihnen jemand – um ein extremes Beispiel zu nehmen – als Ergebnis Ihrer Fragen anvertraut, daß ein Familienmitglied das Kind sexuell mißbraucht, sind Sie verpflichtet, diese Information weiterzugeben, sei es an die Leiterin einer Spielgruppe, die Stationsleitung, die Schulleitung oder sonstige Verantwortliche. Wenn Sie selbst in verantwortlicher Position sind oder als Tagesmutter arbeiten, sollten Sie sich an die nächst höhere Leitungsebene oder an die lokalen Behörden wenden. Sie müssen auch der Mutter sagen, daß Sie die Information weitergeben (s. S. 150–152).

Zum Diskutieren oder Nachdenken

Zwei Betreuerinnen in einer Spielgruppe unterhalten sich beim Kaffee. Eine sagt zur anderen: „Ich würde Eltern niemals Fragen zu ihrem Privatleben stellen, ganz gleich, was ich vermute." Die andere meint: „Ich denke, ich würde das tun, wenn ich müßte. Aber bei Kindern ist das anders. Man sollte Kindern niemals Fragen über ihre Familie stellen."

Was würden Sie sagen, wenn Sie sich an diesem Gespräch beteiligen würden? Wie sähe Ihre Begründung dafür aus?

■ Machen Sie sich bewußt, welche Rolle Fragen bei der alltäglichen interpersonalen Kommunikation spielen. Wo wirken sie sich eher förderlich auf eine Unterhaltung aus, wo tragen sie eher zum Erliegen eines Gespräches bei?
■ Beobachten Sie Interviews im Fernsehen oder hören sie sich welche im Radio an. Werden offene oder geschlossene Fragen verwendet? Gibt es Fragen, die den Gesprächspartner zu bedrohen scheinen? Stellen Sie Unterschiede zwischen den ModeratorInnen fest?

8.4 Fragen an Kinder

Das Stellen von Fragen ist seit jeher Bestandteil der Erziehung. Wie wir gesehen haben, sind gewisse Fragen ermutigend und können Kinder bei der Kommunikation unterstützen. Sorgfältig gestellte Fragen bringen Schüler häufig dazu, selbst etwas zu entdecken und ihre Aufmerksamkeit auf verschiedene Aspekte eines Problems zu richten.

Ein anderer Grund zum Fragen liegt darin, herausfinden zu wollen, was ein Kind weiß oder wieviel es versteht. Dazu gehören beispielsweise Fragen nach Farbe, Anzahl oder Größe. Kindern gewisse Fragen zu stellen, kann aber auch zur Angewohnheit ohne einen echten Zweck werden. So sagt vielleicht eine Betreuerin in einem Kindergarten: „Was für ein hübsches Haus. Welche Farbe hat es?" Standardfragen wie diese bedeuten womöglich nicht mehr, als einem Kind im Vorübergehen ein wenig Aufmerksamkeit zukommen zu lassen, vor allem, wenn es nicht wirklich nötig ist zu prüfen, ob das Kind Farben benennen kann.

Die Forschung hat herausgefunden, daß Kinder sich häufig „in ihr Schneckenhaus" zurückzuziehen oder nur noch einsilbig antworten, wenn das Personal des Kindergartens ihnen zu viele Fragen stellt. Vor allem geschlossene Fragen können diesen Effekt haben. Außerdem wurde festgestellt, daß manchmal zwar Fragen gestellt werden, jedoch kaum auf die Antwort des Kindes gehört und geradewegs zur nächsten Frage übergegangen wird.

Andererseits vermitteln die Techniken des Widerspiegeln und Benennens (s. S. 53–55 und S. 57) den Kindern Information, zeigen ihnen, daß Sie an dem interessiert sind, was sie gerade tun oder wahrnehmen und ermutigen sie zum Sprechen. Wenn Sie z. B. sagen „Du hast alles grün gemalt, außer dieser Stelle, nicht?" so stellen Sie das Gespräch auf die Aktivitäten des Kindes ab und lassen ihm Raum für einen eigenen Beitrag. Und wie immer können Sie – wenn Sie möchten – etwas von sich selbst enthüllen, um das Gespräch in Gang zu halten.

> ◾ Können Sie sich daran erinnern, wie Ihre Lehrer und Lehrerinnen zu Schulzeiten Fragen gestellt haben?
> ◾ Wie haben Sie sich gefühlt, wenn Ihnen eine Frage gestellt wurde?
> ◾ Welche Nachteile sind Ihrer Ansicht nach damit verbunden, wenn Kindern Fragen gestellt werden?

8.5 Wenn Kinder fragen

Kinder können beharrliche Frager und Fragerinnen sein, wenn sie für ihre eigenen Zwecke Informationen benötigen. Besonders häufig ist das der Fall, wenn sie etwas verwirrt – wenn etwas gemessen an ihrem aktuellen Verständnis der Welt keinen Sinn macht. Kinder können sich für viele Wissensgebiete interessieren, wie z. B. das Wirtschaftssystem, Zoologie oder die eigene Herkunft – für alles, was sie wahrnehmen und was ihre Neugierde erregt.

Diese anhaltenden Fragen können für das Personal oft schwierig sein, weil es keine Antworten darauf weiß, etwa auf die Frage: „Warum fällt die Fliege nicht von der Decke?" Oder die Frage verwirrt das Personal, weil es die Welt nicht aus der Sicht des Kindes sehen kann – die BetreuerInnen kennen das Hintergrundwissen des Kindes nicht genau und ebensowenig die Lücken darin. Oft wissen sie vielleicht auch nicht genug über die häuslichen Umstände, in denen das Kind lebt, um seinen Worten einen Sinn geben zu können. In solchen Fällen lohnt es sich, Geduld zu haben und eine ausreichende Anzahl von Fragen danach zu stellen, was genau das Kind verwirrt. Der Versuch, den Standpunkt eines Kindes zu verstehen und ihm die gewünschte Information zu geben, ist wertvoller Bestandteil interpersonaler Kommunikation. Auf diese Weise kann ein Kind etwas über die Welt herausfinden, sein Wissen erweitern und eigene Mißverständnisse klären.

Übung

> Lesen Sie folgende aus dem täglichen Leben gegriffene Unterhaltung durch, und achten Sie besonders auf die Fragen des Kindes. Das Gespräch findet zu Hause zwischen einer Mutter und ihrer dreijährigen Tochter statt. Pamela, eine Nachbarin, ist soeben gegangen.
>
> *Tochter:* „Was hat Pamela gesagt?"
> *Mutter:* „Sie muß für jeden die Rechnung für den Fensterputzer bezahlen, weil sie alle fort sind."
> *Tochter:* „Warum sind sie alle fort?"
> *Mutter:* „Weil sie arbeiten oder so."
> *Tochter:* „Sind sie nicht dumm?"
> *Mutter:* „Na ja, man muß arbeiten, um Geld zu verdienen, oder?"

Tochter: „Ja, wenn sie wissen, an welchem Tag der Fensterputzer kommt, sollten sie zu Hause bleiben."

Mutter: „Sie sollten zu Hause bleiben? Na, ich weiß nicht, sie können nicht immer..."

(An diesem Punkt nimmt das Gespräch eine andere Richtung, aber das Mädchen kommt später noch einmal auf das Thema zurück.)

Tochter: „Mammi...?"

Mutter: „Mmm..."

Tochter: „öh ... sie kann nicht die Rechnungen, eh ... von allen für den Fensterputzer bezahlen, nicht?"

Mutter: „Nein, sie kann nicht jedermanns Rechnungen bezahlen. Manchmal bezahlt sie meine, wenn ich fort bin."

Tochter: „Weil's praktisch ist."

Mutter: „Hm, das ist es."

Tochter: „Wo legt sie das Geld hin?"

Mutter: „Sie legt es nirgendwo hin. Sie gibt es dem Fensterputzer, wenn er fertig ist."

Tochter: „Und dann gibt sie es uns?"

Mutter: „Nein, nein, sie muß nicht uns bezahlen."

Tochter: „Dann gibt uns der Fensterputzer das Geld?"

Mutter: „Nein, wir geben dem Fensterputzer Geld; er arbeitet für uns, und wir müssen ihm Geld geben."

Tochter: „Warum?"

Mutter: „Nun, weil er für uns gearbeitet und Fenster geputzt hat. Das tut er nicht umsonst."

Tochter: „Warum hast du Geld, wenn du... wenn Leute deine Fenster putzen?"

Mutter: „Na ja, der Fensterputzer braucht Geld, oder?"

Tochter: „Warum?"

Mutter: „Um Kleidung und Essen für seine Kinder zu kaufen."

Tochter: „Aber manchmal haben Fensterputzer keine Kinder."

Mutter: „Ziemlich oft haben sie aber welche."

Tochter: „Und was für sich zum Essen, und für Vorhänge?"

Mutter: „Und um seine Gas- und Stromrechnung und das Benzin für sein Auto zu bezahlen. Du mußt für alles bezahlen, weißt du. Irgendwie mußt du Geld verdienen, und er tut das, indem er anderen Leuten und in großen Läden die Fenster putzt und so."

Tochter: „Und wer das Geld hat, gibt es den Leuten..."

■ Vor welchen Mißverständnissen und Rätseln steht das Mädchen?
■ Welche Information bekommt es?
■ Welche Rolle spielt die Mutter beim Lernen?
■ Für wie hilfreich halten Sie Gespräche wie diese bei der Entwicklung kindlichen Verständnisvermögens?

Dieses Gespräch spielt sich zwischen Mutter und Kind zu Hause ab, aber auch BetreuerInnen in Kinderkrippen und Spielgruppen für Kleinkinder können Kinder mit nützlichen Informationen versorgen, indem sie deren Fragen beantworten. Folgendes ereignete sich beim Spaziergang einer Spielgruppe am Fluß:

Als Antwort auf ihre Fragen erzählte die Spielbegleiterin den Kindern von den verschiedenen Arten von Wasservögeln und deren Färbung. Ein Kind war verwirrt, weil sowohl Enten als auch Erpel als Enten bezeichnet wurden. Die Mitarbeiterin erklärte dies. Sie sprachen auch über die Schwäne, und daß sie flußaufwärts wandern würden bis zur nächsten Stadt. Die Kinder fragten, ob sie dabei schwimmen oder fliegen würden, und die Betreuerin beantwortete auch diese Fragen. Sie gingen weiter am Ufer entlang und blieben für zehn Minuten stehen, um ein Wehr anzuschauen. Wieder gab es seitens der Kinder eine Menge zu erzählen und zu fragen. Ein Kind fragte nach einem Nebenfluß, den man am anderen Ufer einmünden sah. Die Betreuerin nannte dem Kind seinen Namen und erklärte ihm, wie Bäche und Flüsse sich zu Strömen vereinigen, die ins Meer münden.

Beobachtung

Achten Sie während der nächsten Wochen auf Fragen von Kindern – seien es einzelne oder mehrere auf einmal – bei denen ein Kind sich vorgenommen hat, mehr über etwas herauszufinden oder an Grundlagen zu gelangen. Wenn Sie beteiligt sind, antworten Sie geduldig, ohne das Thema zu wechseln.

- Beschreiben Sie jede Folge von Fragen, die Ihnen interessant vorkommt.
- Drücken Sie sprachlich aus, was hinter den Fragen des Kindes steht – welcher Mangel an Verständnis oder welcher Informationsbedarf.
- Achten Sie auf all Ihre Schwierigkeiten – Ihre eigene Verwirrung – beim Verstehen dessen, was hinter den Fragen steht.

Übung

Lesen Sie sich folgende Unterhaltung durch, und achten Sie sorgfältig auf die Fragen der Kindergärtnerin. Helfen sie dem Kind beim Kommunizieren? Können Sie sich vorstellen, was die Mitarbeiterin anstatt hätte sagen können?
Ein vierjähriger Junge betrachtet das Bild eines Kaninchens, das eine Zeitung liest und erzählt seinem Freund, dies sei eine Maus.

Kindergärtnerin: „Das ist keine Maus. Weißt du, was es ist?"
Junge: „–"
Kindergärtnerin: „Weißt du, wie ein Kaninchengehege gebaut wird?"
Junge: „Wie heißen sie?"
Kindergärtnerin: „Sie haben keine Namen. Es sind einfach Kaninchen. Liest dein Vater Zeitungen?"
Junge: „Ich habe viele Bücher."
Kindergärtnerin: „Liest er sie dir vor?"
Junge: „Je nachdem."
Kindergärtnerin: „Welche Bücher liest er dir vor?"
Junge: „Mein Bruder heißt Jan."
Kindergärtnerin: „Räum' das Buch auf, wenn Du fertig bist."

Beobachtung

Fragen – Kernpunkte

- Im Gespräch mit Erwachsenen und Kindern können Fragen helfen oder behindern.
- Geschlossene Fragen erfordern gewöhnlich Antworten, die aus nur einem Wort wie „Ja" oder „Nein" bestehen und lassen den Angesprochen wenig Raum für einen eigenen Beitrag.
- Offene Fragen beginnen oft mit einem „Warum" oder „Wie" und geben den Angesprochnenen mehr Raum für eine längere Antwort.
- Manche Fragen, „Ergänzungsfragen" genannt, sind nicht wirklich Fragen, sondern zeigen lediglich, daß Sie Ihren Teil des Gesprächs abgeschlossen haben. Sie beinhalten Äußerungen wie „Nicht wahr?". Ergänzungsfragen werden zwischen Erwachsenen und im Gespräch mit Kindern, aber auch mit Babies verwendet.
- Fragen können der Klärung dienen, wenn Sie sich einer Sache nicht sicher sind.
- Zu viele und unsensible Fragen sind aufdringlich.
- Stellen Sie Kindern nur dann Fragen, wenn Sie wirklich eine Antwort möchten, um beispielsweise ein Gespräch weiterzuführen oder das Wissen eines Kindes zu überprüfen.
- Seien Sie ansonsten mit Fragen gegenüber Kindern zurückhaltend. Wenn sie aber fragen, hören Sie auf die Antworten.
- Kinder stellen ausdauernd Fragen, wenn sie auf der Suche nach Wissen sind. Seien Sie geduldig, versuchen Sie zu verstehen, und geben Sie ihnen die verlangten Informationen.

9 Botschaften von Macht und Gleichheit

Überall in der Gesellschaft gibt es Gruppen und Individuen, die durch das, was sie tun und die Art, wie sie kommunizieren Macht über andere ausüben. Die Botschaften, mit denen sie die eigene Überlegenheit und den niedrigen Status anderer zum Ausdruck bringen, können ziemlich offen, aber auch weitgehend versteckt sein. Manchmal wissen die Betreffenden, was sie tun, bisweilen haben sie jedoch nicht die geringste Ahnung davon, welche Botschaften sie eigentlich übermitteln.

Thema dieses Kapitels ist, wie über interpersonale Kommunikation Kontrolle über andere ausgeübt und ihnen Gleichheit verweigert werden kann. Es handelt auch davon, sich dessen bewußt zu sein und entsprechende Formen der Kommunikation zu verhindern, vor allem bei der Arbeit in Kinderkrippen und Spielgruppen für Kleinkinder. Wir beginnen mit der offenen Kontrolle. Danach betrachten wir eher indirekte, verdeckte Formen der Kontrolle – diejenigen Botschaften, die zu sozialer Ungleichheit zwischen Gruppen von Menschen führen und dazu dienen, sie aufrechterhalten. Zu den Gruppen, zwischen denen Ungleichheiten bestehen, zählen Behinderte und Nichtbehinderte, ethnische Minderheiten und Mehrheiten, Mann und Frau, jung und alt, arm und reich etc. etc.

9.1 Offene Kontrolle

Bei der Arbeit im Kindergarten kommt es vor, daß Sie anderen – Kindern, KollegInnen, Eltern – zu verstehen geben müssen, was als akzeptables Verhalten gilt und wie die Regeln aussehen. In Kapitel 11 wird gezeigt, wie sich dies konstruktiv tun läßt, nämlich indem Sie vermeiden, andere zu kontrollieren, sie mit Respekt behandeln, ihren Standpunkt zu verstehen versuchen und gemeinsam daran gehen, vernünftige Lösungen für das Problem zu finden.

Manchmal versuchen Menschen, andere ganz offen zu kontrollieren: sie drohen, wenden Gewalt an, machen Vorwürfe oder moralisieren. Bei solchen Kommunikationen lautet die Botschaft: „Tu, was ich sage!" Begleitet wird sie meist von anderen Botschaften, ausgesprochenen oder unausgesprochenen, denen zufolge eine Person wichtiger ist als eine andere: klüger, stärker oder einfach nur mächtiger. Diese kontrollierenden Botschaften betrachten wir zuerst. Es handelt sich dabei um unterdrückende Kommunikationsformen: sie bringen die Macht eines Individuums zum Ausdruck oder den Wunsch danach, Macht über andere auszuüben und können die Selbstachtung anderer Menschen beeinträchtigen. Verhält sich ein Betreuer oder eine Betreuerin herablassend gegenüber einem Kind, fühlt sich das Kind unbedeutend und dumm. Urteile über andere zu fällen oder ihnen moralische Vorhaltungen zu machen läßt den Respekt vermissen und zehrt an der Selbstachtung der Betreffenden. Menschen spüren, wenn sich jemand ihnen gegenüber arrogant verhält – diese Mitteilung kommt durch. Außerdem können die dadurch verursachten Gefühle Störungen verursachen (s. S. 36–37), das heißt, die zuhörende Person blendet einen Teil der Botschaft aus und erfaßt nur den verletzenden Teil.

In allen folgenden Feststellungen wird versucht, Menschen zu kontrollieren und herabzusetzen:

■ *„So hätte **ich** das nie gemacht! Warum hast du mich nicht vorher gefragt?"*
In diesem Fall beansprucht die sprechende Person Überlegenheit, und die andere kommt sich dumm vor oder ist wütend – oder beides trifft zu.

■ *„Warum bist du so faul und läßt alles herumliegen? Räum auf, bevor die Kinder rausgehen."*
Hier vermittelt die sprechende Person, daß sie im Vergleich zur anderen hart arbeitet, gut organisiert ist und über moralische Überlegenheit verfügt.

■ *„Wie kann sie denn bei Tisch essen, wenn du sie wieder mit Keksen vollgestopft hast."*
Bedeutung: „Du verstehst von Kindererziehung weniger als ich!" Oder: „Sie ist dir egal!"

■ *„Dein Problem ist, daß du nicht zuhörst."*
Dieser Satz geht mit der unausgesprochenen Botschaft einher, daß die andere Person unsensibel, inkompetent und dickköpfig ist.

- *Man wirft nichts weg, was man noch brauchen kann! Gerade heute wir hätten es brauchen können."*
Dieser Satz beinhaltet eine moralische Lektion und einen Vorwurf.

In all diesen Sätzen, ob sie nun an Kinder oder Erwachsene gerichtet sind, versucht die sprechende Person jemanden zu kontrollieren. Sie verwendet eine herabwürdigende Sprache und verletzende Ausdrücke ohne Rücksicht auf die Gefühle und die Selbstachtung der Angesprochenen. Am stärksten kommt ihre Mißbilligung zum Ausdruck. Nicht weniger deutlich werden die Probleme erwähnt, die aus dem Verhalten der anderen Personen erwachsen.

Kontrollierende Botschaften können destruktiv und verletzend sein.

Nehmen wir ein anderes Beispiel, bei dem die Kontrollbotschaft zunächst weniger offensichtlich erscheint: Eine Betreuerin in einem Kindergarten bemerkt, daß eine Mutter sich beim Windelwechseln nicht sehr geschickt anstellt. Mit einem Seufzer nimmt sie der Mutter die Windel aus der Hand: „Ich habe Ihnen doch erst heute morgen gezeigt, wie einfach das geht!" In diesem Fall setzt die Betreuerin die Mutter herab, indem sie sie daran erinnert, daß es ihr bereits gezeigt wurde. Ein Hauptbestandteil der Botschaft ist auch, daß die Mutter unerfahren und dumm sei. Diese Art der Kommunikation kann nur Schaden anrichten. Zunächst einmal erschüttert sie wahrscheinlich das Selbstvertrauen der Mutter hinsichtlich ihrer Fähigkeiten zur Säuglingspflege. Zweitens verschlechtert sie die Beziehung zwischen der Mutter und der Betreuerin, denn diese Beziehung sollte warmherzig und vertrauensvoll sein. Ganz gleich, ob es sich um Tagesmütter oder BetreuerInnen im Kindergarten handelt, ganz gleich, ob in Kindertagesstätten, Krankenhäusern, Spielgruppen oder Kinder-Clubs – Eltern und Personen, die mit deren Kindern arbeiten, sollten kooperativ und respektvoll miteinander umgehen. Respektlose Kommunikation zwischen KollegInnen, zwischen Personal und Eltern, aber vor allem zwischen BetreuerInnen und Kindern ist destruktiv.

Zum Diskutieren oder Nachdenken

In dem oben angeführten Beispiel ist die Botschaft der Kindergärtnerin an die Mutter – daß sie selbst nämlich überlegen und die Mutter unterlegen sei – nicht verborgen und wird auch an Umstehende einschließlich der Kinder übermittelt. Trotzdem könnte sich die Kindergärtnerin dessen nicht bewußt sein und protestieren: „Ich habe ihr doch nur gesagt, daß ich es ihr am Morgen schon gezeigt habe, und nichts anderes habe ich damit sagen wollen."

■ Erinnern Sie sich aus eigener Erfahrung an Situationen, in denen jemand ohne viele Worte vermittelt hat, er bzw. sie sei anderen überlegen? Was geschah?

■ Kommt es bei Ihrer Arbeit vor, daß Sie sich sehr in acht nehmen müssen, um nicht auf diese Weise zu kommunizieren?

■ Welchen der folgenden Ratschläge würden Sie einer neuen Kollegin bzw. einem neuen Kollegen geben, wenn Sie könnten:
„Seien Sie stets taktvoll, auch wenn Ihnen nicht danach ist."
„Behandeln Sie Ihr Gegenüber stets mit Respekt, denn es handelt sich dabei um einen Menschen wie Sie mit Gefühlen wie Sie."

Beobachtung

Achten Sie in den nächsten Tagen auf Personen, die andere – Erwachsene oder Kinder – durch vorwurfsvolles oder moralisierendes Sprachverhalten zu dominieren suchen, sei es in der Realität oder im Fernsehen. Was geschieht?

9.2   Verborgene oder indirekte Botschaften

Manche bei der Arbeit im Kindergarten vorkommenden Kommunikationen enthalten verletzende Botschaften, die viel schwieriger zu erkennen sind als die bisher erwähnten. Auf subtile Weise, ja sogar unbeabsichtigt, wird damit die Vorstellung verbreitet, daß sich gewisse Gruppen – Eltern oder Kinder – in wichtigen Punkten von den übrigen unterscheiden. Solche verborgenen Botschaften vermitteln, daß einige Gruppen nicht in gleicher Weise geachtet werden wie andere. Zu den herabgewürdigten Gruppen gehören ethnische Minderheiten im Vergleich zur Mehrheit, Mädchen verglichen mit Jungen und Menschen mit besonderen Bedürfnissen, wie z. B. körperlich oder geistig Behinderte, im Vergleich zu Nichtbehinderten. Wegen dieser Herabwürdigung und um die Macht der dominierenden Gruppen zu erhalten, haben

Angehörige dieser Gruppen nicht die gleichen Chancen im Leben wie andere – sie werden diskriminiert und bei vielen Gelegenheiten benachteiligt.

9.2.1 Gleichheit zwischen sozialen Gruppen

Um diese Ungerechtigkeit zu bekämpfen, führen viele Organisationen aus dem Bereich der Kinderbetreuung, darunter auch private Organisationen und Behörden, Schulungen für die bei ihnen Beschäftigten durch. Auf diese Weise soll ihnen im Rahmen der beruflichen Praxis die Befähigung verschafft werden, eine Ungleichbehandlung der Kinder zu verhindern. Dazu gehört unter anderem die Vermittlung von Wissen darüber, wie man zu einem Platz in einer Kinderkrippe oder einer Spielbetreuungsstätte kommt, und welche Dienstleistungen dort in Anspruch genommen werden können.

Darüber hinaus verfolgen auch viele Arbeitgeber, einschließlich lokaler Behörden und privater Organisationen, eine Personalpolitik, die auf Gleichheit abzielt. Das drückt sich beispielsweise aus in der Art, wie ein Arbeitsplatz ausgeschrieben wird und bei der Auswahl von Personal. Damit werden unter Umständen Aufzeichnungen über Geschlecht, ethnische Zugehörigkeit oder eventuell vorliegende Behinderungen der Bewerber und Bewerberinnen erforderlich, um überwachen zu können, ob die Ausschreibungen auch in alle Bereiche der Gesellschaft gelangen. All das sind komplexe Themen, und es lohnt sich, sie etwas genauer zu betrachten. Beispielsweise könnten Sie versuchen, sich Einblick in die Personalpolitik Ihres Arbeitgebers oder einer Organisation, bei der Sie arbeiten möchten, zu verschaffen.

Im übrigen Kapitel wollen wir uns Botschaften zuwenden, die Gleichheit oder Ungleichheit ausdrücken, und die bei der Arbeit mit Kindern und deren Familien – unter Umständen ganz unabsichtlich – übermittelt werden. Dabei handelt es sich ebenfalls um *kontrollierende* Botschaften; die Kontrolle tritt jedoch weniger offen und unmittelbar zutage und ist schwieriger zu erkennen, als es bei der offenen Kontrolle der Fall ist, die wir eingangs betrachtet haben.

9.2.2 Stereotypen führen zu Ungleichheit

Verdeckte kontrollierende Botschaften verbergen sich oft in *Stereotypen*. Wir bilden Stereotypen, wenn wir eine Person nicht als Individuum sehen, sondern eher unter dem Gesichtspunkt, ob sie Angehörige einer bestimmen Gruppe, etwa einer Alters- oder Berufsgruppe ist. Gleiches gilt, wenn wir im Übermaß darauf achten, welcher Rasse jemand angehört, ob eine Person Mann oder Frau, Junge oder Mädchen, homo- oder heterosexuell, behindert oder nicht-behindert ist. Bei der Herausbildung von Stereotypen liegt der Schwerpunkt auf Merkmalen, von denen die Menschen annehmen, daß sie auf alle Mitglieder einer Gruppe zutreffen. Dabei kann es sich um scheinbar gute wie um scheinbar schlechte Merkmale handeln. Es folgen einige Beispiele für Stereotype, die Ihnen bei der Arbeit mit Kindern möglicherweise auffallen.

Kinder von Schwarzen haben eine natürliche Begabung für Musik.
Vielleicht überrascht es Sie, daß Stereotype sowohl „gute" als auch schlechte Eigenschaften umfassen können. Wenn aber jemand aus einer Spielgruppe für Kleinkinder sagt, „Kinder von Schwarzen sind geborene Sänger und haben einen natürlichen Sinn für Rhythmus", so verweigert diese Person schwarzen Kindern ihre ureigene Individualität. Manche schwarzen Kinder sind sehr, andere durchschnittlich und andere wiederum kaum musikalisch. Über Stereotype werden Menschen in Gruppen zusammengepackt und die Unterschiede zwischen ihnen nicht beachtet.

Jungen sind abenteuerlustiger als Mädchen.
In Wirklichkeit sind manche Mädchen abenteuerlustiger als Jungen. Manche Jungen sind überhaupt nicht wagemutig. Durch Wort und Tat können die BetreuerInnen diese Einstellung an Kinder weitergeben, so daß Mädchen sich nicht mehr trauen, mit entsprechendem Spielzeug zu spielen. So wurde etwa bei der Jahresversammlung eines Kindergartens ein Tätigkeitsbericht von zahlreichen Dias begleitet, die schaukelnde, kletternde und unternehmungslustige Jungen zeigten. Der Vortragende kommentierte die Dias mit Bemerkungen wie: „Das sind Jungens, nicht?" Die Bilder hätten auch Mädchen auf der Schaukel zeigen können, was tatsächlich vorgekommen war, statt dessen hatte der Vortragende unter dem Einfluß eines gängigen Stereotyps gestanden und gab dies verstärkt an die Zuhörerschaft weiter. Die indirekte Botschaft war: „Solche Geräte sind für Jungen." Das ist doppelt schädlich: Mädchen erwerben das Gefühl, nicht unternehmungslustig sein zu dürfen, und Jungen fühlen sich nicht hinreichend „männlich", wenn sie ruhigere Beschäftigungen vorziehen.

Eine Mutter gehört ins Haus.
Dieser altmodische Spruch zeigt eine Möglichkeit, wie Frauen „auf ihren Platz verwiesen" wurden. Um der Gleichheit willen müssen Väter *und* Mütter sowohl am Arbeitsplatz als auch zu Hause wichtige Aufgabenbereiche übernehmen.

Asiatische Mädchen sind ruhig.
Dieses Stereotyp könnte dazu führen, daß sich das Personal weniger um asiatische Mädchen kümmert, weil es bei ihnen nicht mit Schwierigkeiten rech-

net. Darüber hinaus könnte es nahelegen, daß „Ruhigsein" etwas Gutes ist, obwohl unter manchen Umständen ein selbstbewußtes Auftreten oder Lärmen besser sein könnte.

Menschen mit Lernbehinderungen empfinden Trauer nicht so stark wie andere Menschen.
Ein Verlust wird von Person zu Person ganz verschieden verarbeitet, unabhängig davon, ob jemand lernbehindert ist oder nicht. Es ist falsch und respektlos, Kindern (oder Erwachsenen) das Empfinden von Trauer mit der Begründung abzusprechen, daß sie dieses Gefühl nicht verstehen könnten. Es ist immer besser anzuerkennen, wenn jemand traurig ist; geschieht dies nicht, wird damit ausgedrückt, daß der betreffenden Person etwas fehlt, um ganz Mensch zu sein (s. S. 63–64).

Die Menschen hier kümmern sich gar nicht richtig um ihre Kinder.
Mit diesem Stereotyp werden alle Eltern in der Nachbarschaft abgeschrieben. Es bringt einen hohen Grad an Mißachtung zum Ausdruck und ist mit Sicherheit nicht zutreffend. BetreuerInnen, die solche Feststellungen treffen, erheben Anspruch auf ihre Überlegenheit und haben möglicherweise keine Berührung mit dem Leben und den Erfahrungen der Familien, die ihre Dienste in Anspruch nehmen. Selbst wenn diese Aussage auf Einzelpersonen zuzutreffen scheint, sollten sich diese BetreuerInnen fragen, ob das scheinbare Desinteresse eines Elternteils vielleicht auf Armut, schlechte Gesundheit oder Arbeitslosigkeit zurückzuführen ist.
Wie andere Kontrollbotschaften auch können Stereotypen eine mächtige Störquelle beim Zuhören darstellen; sie können Kommunikation verzerren oder blockieren (s. S. 53–55). Jede Person, die sich einem Stereotyp gegenübersieht, kann wütend werden und sich in der Defensive fühlen und ist damit nicht aufs Zuhören eingestellt. Das ist kaum überraschend: Die Verwendung eines Stereotyps zeigt, daß die sprechende Person ihr Gegenüber lediglich als Mitglied einer Gruppe mit den entsprechenden Merkmalen betrachtet. Diese Merkmale können für sich genommen eine Beleidigung darstellen, unabhängig davon zeigt die sprechende Person jedoch, daß sie ihr Gegenüber nicht als Individuum wahrnimmt. Wenn die Angesprochenen sich gegen das Stereotyp wenden, heißt es darüber hinaus oft, sie würden wohl meinen, sie seien „etwas Besseres".
Stereotype können jedoch auch denjenigen Probleme bereiten, die sie verwenden. Bei der Arbeit mit Kindern können Stereotype auf seiten der BetreuerInnen zu Verzerrungen bei der Wahrnehmung anderer Menschen führen. Möglicherweise sehen und hören sie nur, was sie erwarten, nicht jedoch, was sich in Wirklichkeit vor ihren Augen abspielt. Das bedeutet, die

Wirklichkeit zu verbiegen, um sie Vorurteilen anzupassen – eine gefährliche Vorgehensweise, wenn sie dazu dient, Menschen auf eine Position festzulegen, vor allem, wenn es sich um eine mindere Position handelt. Im entscheidenden Moment kann diese Einstellung dazu führen, Kindern den Zugang zu einer ganzen Reihe von Hilfsquellen zu verweigern, die es ihnen ermöglichen würden, ihre Fertigkeiten weiterzuentwickeln und neue hinzuzulernen.

Bringen sie Stererotype zur Anwendung, geraten die BetreuerInnen in Gefahr, die Entwicklung von Merkmalen zu fördern, die zu den Stererotypen passen, etwa indem sie Jungen bei ausgelassenem und wildem Spiel unterstützen und Mädchen zu ruhigeren Beschäftigungen anhalten. Unter Umständen billigen sie sogar inakzeptables Verhalten. So wird Jungen beispielsweise ein gewisses Maß an rauhem Verhalten gestattet, das bei Mädchen Stirnrunzeln hervorrufen würde. Darüber hinaus kann beispielsweise das Stereotyp „Schwarze Jungen können sich nicht konzentrieren" die BetreuerInnen dahin bringen zu akzeptieren, daß diese Kinder weniger kooperativ spielen und ohne Rücksicht auf andere Dreiräder oder ähnliches Spielzeug für sich beanspruchen. In diesem Fall vermindert sich der erzieherische Einfluß der Erwachsenen, und das Stereotyp selbst fördert möglicherweise die Entstehung stereotypen Verhaltens.

Auf diese Weise werden Kinder zu Verhaltensweisen gedrängt, die auf Dauer nicht zu ihrem Besten sind. Ihr Verständnis für das, was angemessen ist, wird eingeschränkt: Jungen dürfen z. B. nicht weinen, Schönheit mögen oder sanfte Gefühle ausdrücken; Mädchen dürfen nicht selbstbewußt auftreten, kein technisches Gerät bedienen und nicht Fußball spielen; schwarze Kinder werden vielleicht zur Teilnahme an musikalischen oder sportlichen Aktivitäten angehalten und kommen sich überflüssig vor, wenn sie etwas anderes unternehmen wollen. Kinder aus ethnischen Minderheiten fühlen sich womöglich für all das geschätzt, was an ihrer Kultur exotisch erscheint, nicht jedoch im Bereich des Alltäglichen.

Das Problem bei Stereotypen liegt darin, daß sie dazu dienen, Kontrolle über andere Menschen auszuüben und sie auf „ihren Platz zu verweisen". Diejenigen, die Stereotype anwenden, sind sich dessen vielleicht nicht einmal bewußt; sie merken häufig gar nicht, daß ihre Kommunikation verborgene Botschaften enthält, denen andere ausgeliefert sind.

Zum Diskutieren oder Nachdenken

- Kommen Ihrer Erfahrung nach bei der Arbeit mit Kindern häufig Stereotype vor?
- Fallen Ihnen zusätzlich zu den bereits erwähnten noch andere „positive" oder scheinbar harmlose Stereotype ein?
- Können Sie sich an Gelegenheiten erinnern, bei denen Sie einem Stereotyp ausgesetzt wurden? Wie haben Sie sich dabei gefühlt? Was wollten Sie in diesem Augenblick tun?

Beobachtung

Achten Sie während der kommenden Woche darauf, ob Ihnen Stereotype begegnen. Das kann bei der Arbeit, beim Fernsehen oder bei sonstigen Gelegenheiten der Fall sein.

9.3   Soziale Kontrolle

Schon sehr früh im Leben bekommen Kinder mit, welchen Wert die Gesellschaft als Ganzes verschiedenen Personengruppen zumißt.

9.3.1   Sexismus

Sexismus ist ein Beispiel für soziale Kontrolle. Es ist die Art, in der Frauen und Mädchen von der Gesellschaft insgesamt und deren Institutionen auf „ihren Platz verwiesen" werden. In Kinderkrippen und Spielgruppen für Kleinkinder ist der Umgang mit diesem Problem daran zu erkennen, wie die Einrichtungen organisiert sind, wie die Öffentlichkeitsarbeit aussieht und wie der Arbeitsalltag verläuft. Es handelt sich dabei um ein weites Feld, das von Einstellungspraktiken bis hin zu Sprachgebrauch und Verhaltensweisen reicht, die für Frauen eine Beleidigung darstellen. Sind sowohl Männer als auch Frauen angestellt, damit den Kindern positive Rollenvorbilder beiderlei Geschlechts zur Verfügung stehen? Gilt das auch für die Spielbegleitung und für die Säuglingsversorgung? Sexismus umfaßt all das, womit Mädchen Chancen verweigert werden, die Jungen offenstehen – einschließlich der sehr unterschiedlichen Botschaften, die Jungen und Mädchen von frühester Kindheit an empfangen.

Umfangreiche Forschungen haben gezeigt, wie bereits Babies in Abhängigkeit von ihrem Geschlecht auf ihre Rolle im späteren Leben vorbereitet werden. Von Anfang an lernen Kinder etwas über ihre soziale Rolle – und über die von anderen. Sowohl Jungen als auch Mädchen lernen schon bald, was von Müttern und Vätern erwartet wird. Sogar Neugeborene werden schon geschlechtsspezifisch behandelt. (Ein Beispiel dafür finden Sie weiter unten im Abschnitt „Zum Diskutieren und Nachdenken".) Die Menschen tragen unterschiedliche Erwartungen an männliche und weibliche Säuglinge heran, und als Jungen und Mädchen werden sie auch später unterschiedlich behandelt. BetreuerInnen in Kinderkrippen und Spielgruppen für Kleinkinder sollten sich diese Unterschiede bewußt machen und sich Möglichkeiten zurechtlegen, wie sie damit umgehen.

Auch organisatorische Gesichtspunkte beinhalten Botschaften. Im Klassenzimmer oder auch in einer weniger formellen Umgebung werden Mädchen und Jungen bisweilen aufgefordert, sich jeweils auf einer Seite aufzustellen. In Verzeichnissen wird manchmal zwischen Jungen und Mädchen unterschieden, statt alle Kinder alphabetisch aufzuführen. Häufig spielen Jungen und Mädchen bei Weihnachtsfeiern verschiedene Spiele. BetreuerInnen, die die Kinder auf diese Weise organisieren, sagen vielleicht: „Das haben wir schon immer so gemacht ... das hat keine Bedeutung ... es ist nur eine Art der Organisation." Die verborgene Botschaft an die Kinder lautet jedoch, daß geschlechtsspezifische Unterschiede äußerst wichtig sind. Selbstverständlich sind sie das auch, aber nur in ganz besonderen und biologischen Zusammenhängen – und auch hier werden sie häufig aufgepfropft.

Zum Diskutieren oder Nachdenken

■ Welche Kontrollbotschaften verbergen sich in den folgenden Feststellungen?
Lehrer: „Hilft bitte einer der Jungen beim Stühle tragen?"
Tagesmutter: „Große Jungen weinen nicht."
Spielbegleiter: „Sie ist ein richtiger kleiner Junge."
Lehrerin: „Die Mädchen auf diese Seite, die Jungen auf die andere!"
Leiterin eines Kindergartens: „Wir bitten die Väter, die Stände aufzustellen und die Mütter, Kuchen zu backen."
Säuglingsschwester: „Jungen kommen in blaue und Mädchen in rosa Bettchen."

■ Einige Studien zum Umgang mit Babies:
In einer Wiege liegend wurde frischgebackenen Vätern ihr Neugeborenes zum ersten Mal durch eine Glasscheibe hindurch gezeigt. Nachdem er sein Kind gesehen hatte, wurde jeder Vater nach seinen Eindrücken gefragt. Die Väter von Mädchen verwendeten typisch weibliche Merkmale zur Beschreibung: Es war hübsch, süß usw. Die Väter von Jungen verwendeten dagegen Kategorien, die wesentlich stärker in Zusammenhang mit Aktivität und Männlichkeit standen.

> Es gibt viele Studien, bei denen Babies „unisex" gekleidet und einer erwachsenen Person für einige Minuten auf den Arm gegeben wurden. Manchmal erhält das Baby dabei einen Jungennamen, manchmal einen Mädchennamen. Bei anderen Gelegenheiten bekommt die erwachsene Person keine Informationen über das Geschlecht des Babys. Immer dann, wenn die Erwachsenen das Baby für ein Mädchen halten, behandeln sie es sanfter und behütender. Halten sie es dagegen für einen Jungen, spielen sie mit ihm auf deftigere Art.
>
> Glauben Sie, daß uns diese Studien etwas darüber sagen können, wie „weibliche" und „männliche" Wesensmerkmale entstehen?

9.3.2 Rassismus

Rassismus umfaßt alle Einstellungen und Verhaltensweisen, die dazu geeignet sind, Angehörige ethnischer Minderheiten herabzusetzen, weniger als andere zu begünstigen oder sie anderweitig im Vergleich zu anderen Mitgliedern der Gesellschaft zu benachteiligen. Rassismus hat eine lange Geschichte und existiert heute noch. Die Arbeit gegen den Rassismus geht weit über die interpersonale Kommunikation, den Gegenstand dieses Buches, hinaus. Um die Diskriminierung ethnischer Minderheiten zu verhindern, müssen sowohl das Personal als auch das Management den Rassismus direkt angehen, ihr Vorgehen dabei planen und die Entwicklung im Auge behalten.

Die entsprechenden Organisationen sollten gemäß den lokalen Gegebenheiten BetreuerInnen mit unterschiedlichem kulturellen sozialen Hintergrund einstellen und ausbilden. Gleichermaßen müssen die Betreuerinnen in die Lage versetzt werden, mit Eltern umzugehen, die nicht die Sprache des Landes sprechen, in dem sie leben. Die BetreuerInnen sollten so viel wie möglich über die ethnischen Gemeinschaften lernen, mit denen sie arbeiten und bereit sein zu akzeptieren, daß verschiedene Kulturen auch verschiedene Traditionen besitzen. Beispielsweise sollten sie sich bewußt machen, daß es in manchen Kulturen durchaus nicht als schlechte Umgangsform gilt, mit den Fingern statt mit Messer und Gabel zu essen. Ein Kind aus einem solchen Kulturkreis deshalb zu ermahnen, verwirrt es und bedeutet eine Kränkung für seine Familie. Gleichzeitig aber können andere Kinder, die nicht in dieser Kultur aufgewachsen sind, abfällige Bemerkungen machen. Die BetreuerInnen müssen darüber nachdenken, wie sie mit den Widersprüchen dieser Situation umgehen, was sie z. B. den anderen Kindern sagen, um den Respekt gegenüber allen Anwesenden zu wahren.

Rassismus zu vermeiden und Gleichheit zu fördern bedarf ständiger Bemühungen seitens des Personals und des Managements. In einigen Kinderkrippen und Spieleinrichtungen für Kleinkinder fehlen diese Bemühungen, und dies führt zu Erfahrungen, die für Kinder wie Eltern gleichermaßen befremdlich sind. Ein vierjähriges dunkelhäutiges Mädchen sagte zu seiner Mutter: „Ich mag keine ganz schwarzen Leute." Andere dunkelhäutige Kinder hängen vielleicht der Phantasie nach, daß ihre Haut weiß wird. Gleichzeitig gelangen weiße Kinder unter Umständen zu der Ansicht, anderen überlegen zu sein. Gewiß hängt dies nicht nur davon ab, was in der Spielgruppe oder im Kindergarten geschieht, dort aber können die BetreuerInnen die Erfahrungen und das Erleben der Kinder beeinflussen. Das jedoch heißt, rassistischen Witzen und herabwürdigenden verbalen Angriffen begegnen zu können – denn auch unter kleinen Kindern kommen solche Dinge vor.

Viele BetreuerInnen in Kinderkrippen und Spielgruppen für Kleinkinder wären bereits bei der leisen Vermutung schockiert, daß sie es sind, die einige Kinder ungleich behandeln. Solange das Personal jedoch keine bewußten Anstrengungen dagegen unternimmt, ist Rassismus schwer zu vermeiden.

Wenn Sie in eine Spieleinrichtung, einen Kindergarten oder Kinderhort gehen, oder wenn Sie eine Tagesmutter oder die Kinderstation eines Krankenhauses besuchen, achten Sie auf folgendes:

■ Ist das Sortiment an Büchern, Spielzeug und sonstigen Spielmaterialien so gestaltet, daß es allen Kindern und Eltern etwas sagt?

■ Wie steht es mit den Abbildungen in Büchern, den Bildern an der Wand und mit Laubsägearbeiten? Sind für jedes Kind Menschen zu erkennen, mit denen es sich identifizieren kann? Werden Angehörige ethnischer Minderheiten positiv oder als Karikaturen dargestellt? Karikaturen können bei schwarzen wie bei weißen Kindern anhaltende und herabwürdigende Vorstellungsbilder erzeugen, die sie mit sich tragen und die bei einem rassistischen sozialen Umfeld zu Schäden führen können. Karikaturen von Weißen sind allerdings weniger schädlich, weil die Kinder in unserer Gesellschaft viele positive Beispiele finden.

■ Sind die zur Verfügung stehenden Puppen hinsichtlich Haar- und Hautfarbe sowie Kleidung repräsentativ für die Kinder dieser Einrichtung? Sind auch körperliche Merkmale feinfühlig wiedergegeben?

■ Stehen den Kindern vorgefertigte braune „Hautfarben" genauso zur Verfügung wie das sonst übliche Beige, damit sie Menschen verschiedener Hautfarbe leicht malen können? Gibt es braune Knetmasse für die Darstellung von Menschen?

■ Enthält das Material für Verkleidungsspiele ausreichend Kleidungsstücke, die den unterschiedlichen kulturellen Hintergrund der Kinder wiedergeben, z. B. Saris, Rasta-Kappen oder schwarze Perücken? Werden sie gut gepflegt, und wissen die BetreuerInnen, wie die einzelnen Kleidungstücke genannt werden?

■ Findet sich in der Spielküche eine kulturübergreifende Auswahl an Nahrungsmitteln und Küchengerätschaften? Wissen die BetreuerInnen auch in diesem Fall, wie die Kinder diese Gegenstände nennen? Falls nicht, wird dies die Kommunikation mit den Kindern erschweren, oder das Personal findet sich unversehens dabei wieder, wie es einen Begriff wie „indisches Brot" verwendet, um eine ganze Reihe verschiedener Brotformen zu bezeichnen. Solche Ausdrucksweisen deuten an, die Alltagswelt von Kindern aus ethnischen Minderheiten sei weniger wichtig als die der Mehrheit. Sie erwecken den Eindruck, als ob eine allgemeine Bezeichnung für viele verschiedene Arten ausreicht. Dieser Mangel an Achtsamkeit kann den Stolz der Kinder auf die eigene kulturelle Herkunft erheblich mindern.

■ Wie steht es um die wichtigen Feste der örtlichen Minderheiten? Gibt es Hinweise darauf, daß einige zusammen mit den Kindern gefeiert werden?

■ Sind in Spielecken mit besonderen Schwerpunkten oder an den Wänden Bilder und Gegenstände zu sehen, die die kulturelle Vielfalt in des Stadtviertels wiedergeben?

Wenn das, was Sie sehen, das Stadtviertel widerspiegelt, dann gibt es Botschaften für alle Kinder in dieser Einrichtung und nicht nur für solche aus der ethnischen Mehrheit. Es kommt zum Ausdruck, daß die BetreuerInnen alle Kinder und Eltern mit Respekt behandeln und ihnen helfen möchten, sich wie zu Hause und willkommen zu fühlen. Auf diese Weise schaffen die BetreuerInnen eine anheimelnde Atmosphäre für alle Kinder und ihre Familien. Auch wenn die Betreuungsstätte nicht von Kindern aus ethnischen Minderheiten besucht wird, sind Bilder und Spielzeug aus anderen Kulturbereichen interessant für die anwesenden Kinder. Sie bereiten sie auch in positiver Weise auf Kontakte mit Angehörigen anderer ethnischer Gruppen vor.

Es muß betont werden, daß eine derart gestaltete Kinderbetreuung nicht ohne Training und Information durchgeführt werden kann. So ist es beispielsweise respektlos, an eine bestimmte, womöglich religiös orientierte Feier heranzugehen, ohne zuvor den Rat von Personen einzuholen, die genau wissen, was diese Feier bedeutet und wie sie durchgeführt werden sollte. Fragen kann man in solchen Fällen einen Elternteil oder KollegInnen mit dem entsprechenden kulturellen Hintergrund. Auch bei Kulturvereinen, Freundschaftsclubs oder Behörden können Auskünfte eingeholt werden.

In einem Kindergarten, dessen Personal nicht über entsprechende Informationen verfügte, wollte man dennoch ein paar „multikulturelle" Aktivitäten durchführen. Unglücklicherweise richtete das, was dann dabei herauskam, mehr Schaden an, als wenn gar nichts unternommen worden wäre. Die BetreuerInnen ließen die Kinder spitze, konische Hüte anfertigen, um das chinesische Neujahrsfest zu feiern. Dann führten sie die Kinder in einer Prozession

umher, bei der sie Trippelschritte machten, sich aus der Hüfte heraus vorein-
ander verbeugten und Pseudochinesisch sprachen. Heraus kam ein lächerli-
ches, für Chinesen beleidigendes Stereotyp, das den Kindern obendrein wahrscheinlich haften bleibt. Es wäre viel besser gewesen, wenn das Personal sich
die Zeit genommen hätte, um mehr über das Fest in Erfahrung zu bringen,
das es da „feiern" wollte, selbst wenn dies bedeutet hätte, die Feier um ein
Jahr zu verschieben.

Ebenso wichtig wie die Bereitschaft, etwas über das religiöse und weltliche
Brauchtum anderer Kulturen zu lernen ist, daß das Personal alles über den Alltag der Kinder, die ihm anvertraut sind, in Erfahrung zu bringen sucht. Eine
Betreuerin sagte zu einem Mädchen, das in der Spielküche das Zubereiten von
Tee spielte, es solle diesen nicht mit heißer Milch machen. Dabei war es die
Angewohnheit seiner Mutter, den Tee auf diese Weise zuzubereiten. Die Gefahr liegt in diesem Beispiel darin, daß das Kind durcheinander gebracht wer-
den könnte, und daß seine Selbstachtung und sein Identitätsgefühl leiden
könnten. Mit der Zeit entwickelt es möglicherweise die Vorstellung, daß die
Art, wie etwas zu Hause getan wird, nicht „richtig" und für die überwiegende
Mehrheit der Gemeinschaft nicht akzeptabel ist. Dabei hätte die Betreuerin
mehr über das, was das Kind da tat, herausfinden können, indem sie vorher
mit ihm gesprochen hätte. Einfaches Widerspiegeln (s. S. 53–55) durch ein
„Jetzt kochst du die Milch" und anschließendes Fragen „Macht das deine
Mammi so?" hätten wahrscheinlich schon genügt.

Wie das Beispiel außerdem zeigt, ist es wünschenswert, daß die Betreuer-
Innen mit Sitten und Gebräuchen aller in ihrer Einrichtung vertretenen ethnischen Gruppen vertraut werden und ihnen gegenüber eine offene Einstellung
entwickeln.

Einige KindergärtnerInnen mögen einwenden, daß antirassistisches Handeln bei ihrer Tätigkeit keine Rolle spielt, weil sie mit Babies zu tun haben,
und Babies ihrer Meinung nach zu jung sind, um von unterschiedlichen Um-
gangsweisen beeinflußt zu werden. Wir wissen jedoch, daß das Lernen über
das, was wir sind und über die sozialen Beziehungen zu anderen bereits in
sehr frühem Alter beginnt. Den Kindern die Möglichkeit zu geben, in gesi-
cherter sozialer Identität aufzuwachsen und Glück über das zu empfinden,
was sie sind, sowie von Anfang an alles zu tun, um diese Entwicklung zu unterstützen – das ist das Herzstück professioneller Kinderbetreuung.

Bilder und Spielzeug in Babyzimmern, auf Kinderstationen im Krankenhaus oder bei Tagesmüttern zu Hause sollten daher Kinder mit einem positi-
ven Selbstbild zeigen. Bei sorgfältiger Auswahl wird Eltern aus ethnischen
Minderheiten gleichzeitig die Gewißheit vermittelt, daß Menschen aus ihrem
Kulturkreis willkommen sind. Dies bedeutet einen Schritt hin zu Vertrauen

und Zusammenarbeit zwischen Eltern und BetreuerInnen, der für das Wohlbefinden der Kinder von äußerster Wichtigkeit ist.

Andere, die mit Kindern arbeiten, sagen vielleicht: „Wenn ich Kinder anschaue, sehe ich ihre Farbe nicht. Kinder sind Kinder. Ich bin farbenblind und behandle sie alle gleich." Es mag zutreffen, daß jemand der Hautfarbe oder anderen Zeichen der Zugehörigkeit zu einer ethnischen Minderheit nur wenig Beachtung schenkt – darum geht es jedoch nicht. Wenn Menschen sozial gleich sein sollen, ist es bisweilen notwendig, sie unterschiedlich zu behandeln. Es ist z. B. erforderlich, einen Dolmetscher zu holen, wenn die BetreuerInnen die Sprache der Eltern nicht beherrschen. Darüber hinaus sind ethnische Zugehörigkeit und Hautfarbe eines Kindes wichtige Elemente seiner Identität und sollten bei der Ausstattung der Betreuungsstätte, den Aktivitäten etc. in Betracht gezogen werden.

Besonders wichtig ist, daß Kinder und deren Familien niemals durch rassistische Ausdrücke und Spitznamen beleidigt werden. Auch darf es nicht geschehen, daß sie von anderen durch rassistische Körpersprache verletzt werden, etwa indem eine andere Person ihnen den Rücken zuwendet. Wie Personen gegenübergetreten werden kann, die eine rassistische Sprache verwenden, wird in Kapitel 11 beschrieben. Sowohl Kindern als auch Erwachsenen sollten in dieser Hinsicht sehr klare *Grenzen* gesetzt werden (s. S. 124–126), denn rassistische Sprache bleibt rassistische Sprache, ganz gleich, ob gesprochen oder geschrieben, ob sie im Spaß benutzt wird oder von Kindern, die ihre Bedeutung noch nicht richtig erfassen, oder ob Eltern oder Personal sie verwenden. Rassistische Sprache wird benutzt, um Menschen zu verletzen und herabzusetzen. Obwohl man ein Kind mit den Worten „Es ist nur eine Angewohnheit – ist nicht so gemeint" entschuldigen mag: darum geht es nicht. Ein Kind, das rassistisches Verhalten an den Tag legt, erleidet selbst Schaden, wenn Erwachsene nicht einschreiten: es lernt, daß rassistisch zu sein Vorteile bringt und eine leicht verfügbare Waffe darstellt. Ausdrücke mit festgefügter rassistischer Bedeutung erreichen ihr Ziel. Es sind Botschaften, durch die „Höherwertigkeit" ausgedrückt wird und die Macht, die eine Gruppe über eine andere hat. Es sind auch Botschaften, die diese Macht aufrechterhalten helfen. Ob sie daher so gemeint sind oder nicht, ihrer Verwendung sollte stets entgegengetreten werden.

9.3.3 Gleichheit für behinderte Kinder

Behinderte Kinder sind ein gutes Beispiel dafür, daß Kinder nicht immer im Namen der Gleichheit gleich behandelt werden sollten. Behinderte Kinder haben sowohl in der Kinderfürsorge und in Spielbetreuungsstätten als auch im Bereich der schulischen Erziehung und Ausbildung *besondere Bedürfnisse.*

Die BetreuerInnen in Kinderkrippen und Spielgruppen für Kleinkinder müssen ihr möglichstes tun, um der Vielfalt dieser Bedürfnisse gerecht zu werden. Es versteht sich von selbst, daß es einen behindertengerechten Eingang geben sollte, und daß Türen und Toiletten mit dem Rollstuhl passier- bzw. befahrbar sind. Dem Gebrauch von Ausdrücken, die für Behinderte beleidigend sind, sollte stets entgegengetreten werden. Außerdem sollten positive Bilder gezeigt werden, z. B. Poster und Fotos, die behinderte Menschen bei der aktiven Teilnahme an irgendwelchen Ereignissen darstellen. Es gibt eine Menge Fachbücher mit Geschichten über Kinder mit verschiedenen Krankheiten – Hörschäden, Spina bifida usw. Sie alle können als Ausgangspunkt für Gespräche zwischen BetreuerInnen und Kindern dienen, und sie vermitteln den Kindern Informationen und machen sie mit einer Sprache bekannt, in der sie ohne Verlegenheit über ihre Erkrankung oder Behinderung sprechen können.

Die Kommunikation mit zwischen Eltern und BetreuerInnen ist bei behinderten Kindern sogar noch wichtiger als bei nichtbehinderten. Die BetreuerInnen benötigen unter Umständen Einzelheiten über die Medikation des Kindes und über dessen Krankheit. Dabei ist es häufig weniger wichtig, den medizinischen Fachausdruck für die Krankheit zu kennen, als vielmehr deren Auswirkungen. So sollten die Eltern beispielsweise nach folgendem gefragt werden:

- Bewegungseinschränkungen;
- Hilfen zur Fortbewegung und deren Handhabung (unerfahrene BetreuerInnen stellen ein Kind möglicherweise verkehrt herum in ein Gehwägelchen);
- Schutzkleidung, wie z. B. ein Helm, den das Kind stets tragen muß;
- Kommunikationseinschränkungen (versteht das Kind gesprochene Sprache, auch wenn es selbst nicht spricht?);
- Zeichen oder Worte, die ein Kind benutzt, wenn es etwas trinken oder auf die Toilette möchte;
- Lieblingsaktivitäten;
- sonstige wichtige Informationen über das Kind.

Die anderen Kinder sollten im voraus auf die Ankunft eines behinderten Kindes vorbereitet werden. Eine Möglichkeit, dies zu tun, besteht in der Verwendung kleiner, spezieller *Puppen,* deren Geschichte erzählt wird. Diese Puppen sind für den Einsatz durch die BetreuerInnen und nicht zum Spielen für die Kinder gedacht. Sie können nicht nur dazu dienen, über die Behinderung eines Kindes zu informieren, sondern den Kindern auch helfen, sich in Kinder aus finanziell beschränkten Verhältnissen, in Kinder mit „zwei Mamis" oder andere Kinder, deren Lebensumstände ihnen nicht vertraut sind, hineinzudenken und sie zu verstehen. Es besteht auch die Möglichkeit, Sie zum Geschichtenerzählen zu verwenden.

Einige Tage vor der Ankunft des neuen Kindes wird den Kindern eine der Puppen gezeigt und gesagt, diese Puppe habe die gleiche Behinderung, z. B. Taubheit, wie das Kind, das demnächst kommt. Dann beschreibt die Betreuerin oder der Betreuer einen Tag im Leben dieses Kindes: den Schulbesuch, das Spiel mit Freunden etc. All dies wird mit der Puppe spielerisch ausagiert. Die Auswirkungen der Taubheit werden aufgezeigt, gleichzeitig jedoch auch die Fähigkeit des Kindes beschrieben, von den Lippen zu lesen und sich der Gebärdensprache zu bedienen (dies muß natürlich vorher mit den Eltern abgeklärt werden). Die Kinder werden aufgefordert, sich vorzustellen, was es bedeutet, nichts zu hören, oder sie werden gebeten, sich mit den Händen die Ohren zuzuhalten. Die Betreuerin oder der Betreuer spricht auch mit der Puppe, hält sie dabei direkt vor sich, „damit sie alles genau sehen kann" und spricht sehr deutlich. „So sprechen wir mit unseren tauben Freunden", lautet die Erklärung. Die Verwendung derartiger Puppen ist eine sehr effektive Methode, um bei Kindern die Fähigkeit auszubilden, Sichtweisen und Erfahrungen eines anderen Kindes zu verstehen. Die Kinder können auch ein wenig in die Gebärdensprache eingeführt werden.

Diese Art der Vorbereitung, einschließlich des gemeinsamen Betrachtens von Büchern und der Anwendung anderer Methoden, hilft den Kindern bei der Kommunikation untereinander. Allerdings sollten die BetreuerInnen auch darauf vorbereitet sein, etwas zu unternehmen, um behinderten Kindern beim gemeinsamen Spiel zu helfen. Es kann sehr leicht geschehen, daß ein behindertes Kind den anderen nur zuschaut, solange nicht Maßnahmen ergriffen werden, um es bei der Integration zu unterstützen. In manchen Spielgruppen haben sich die BetreuerInnen Gruppenspiele ausgedacht, an denen alle Kinder teilnehmen können. In anderen Gruppen mit einem erheblichen Anteil an Kindern mit besonderen Bedürfnissen gibt es Regeln, die besagen, daß Computer oder anderes Gerät nicht benutzt werden darf, wenn nicht ein behindertes Kind mitmacht.

Zu dem Risiko, Außenseiter zu sein, kommt noch hinzu, daß manche Kinder sich behinderten Kindern gegenüber oft so verhalten, als hätten diese die Berechtigung, ungezogen zu sein. Möglicherweise werden sie dazu angestachelt, sich aufzuspielen und zum Vergnügen der anderen Kinder die Regeln zu brechen. BetreuerInnen, die derartiges bemerken, sollten den betreffenden Kindern sagen, daß es unfair ist, sich so zu verhalten und andere Formen des gemeinsamen Spiels anregen. Gleichzeitig sollten sie dem behinderten Kind zu verstehen geben, daß eine Grenzverletzung (s. S. 124–126) stattgefunden hat, und daß dieses Verhalten nicht akzeptiert werden kann. Es ist herabwürdigend, ein behindertes Kind Dinge tun zu lassen, die anderen Kindern nicht gestattet sind. Darüber hinaus vermittelt es ihnen einen negativen Eindruck vom Wesen dieses Kindes. Wie bei anderen Kindern auch und in Übereinstimmung mit der Verständnisfähigkeit des Kindes sollte begründet werden, warum ein Verhalten nicht akzeptiert werden kann. Schon oft genügt ein deutliches „Nein, das tut weh!", notfalls muß das Kind aus der Problemsituation entfernt werden. Wenn ein behindertes Kind häufig durch sein Verhalten auffällt, sollte dies wie bei anderen Kindern auch mit den Eltern besprochen werden. Vielleicht sind sie in der Lage, Vorschläge zur Lösung des Problems zu machen. Möglicherweise kann auch eine Selbsthilfeorganisation Unterstützung leisten.

Die Arbeit mit behinderten Kindern kann eine sehr dankbare Aufgabe sein. Die Eltern sollten darüber informiert werden, wenn ihr Kind Fortschritte macht, etwa neue Freunde findet oder neue Fertigkeiten erwirbt, damit sie sich zusammen mit den BetreuerInnen daran freuen können.

Übung

In Kinderkrippen und Spieleinrichtungen für Kleinkinder stehen oft Bücher im Mittelpunkt der Aktivitäten. Manchmal beschäftigen sich die Kinder allein damit, und zuweilen verwenden die BetreuerInnen sie als Vorlage zum Geschichtenerzählen. Vorsicht! Zwischen den Zeilen finden sich verborgene Botschaften im Hinblick auf die Wertschätzung verschiedener Kinder. Diese Botschaften hängen davon ab, in welcher Form sich die anwesenden Kinder in den Büchern und den Bildern darin wiederfinden. Wenn das Sortiment an Büchern genügend Vielfalt aufweist und die Bilder keine Stereotypen darstellen, kann das Geschichtenerzählen helfen, den Kindern deutlich zu machen, daß alle Menschen gleichermaßen schätzenswert sind. Aber selbst geschulten Kommunikatoren und begabten GeschichtenerzählerInnen dürfte es schwerfallen, diese Botschaft anhand ungeeigneter Bücher zu vermitteln.

■ Suchen Sie sich ein Kinderbuch heraus, von dem Sie meinen, daß es bei den Kindern, mit denen Sie arbeiten, beliebt ist. Gehen Sie das Buch durch, und achten Sie bei den ersten fünf Abbildungen auf die Rolle, die Mädchen und Jungen zugewiesen wird.
  ☐ Zählen Sie, wieviel Männer und Jungen es im Vergleich zu Frauen und Mädchen gibt. (Kommen Tiere in dem Buch vor, wird meistens deutlich gemacht, ob es sich um ein Männchen oder ein Weibchen handelt.)
  ☐ Steht in den Abbildungen ein Mädchen oder ein Junge im Vordergrund? Ist die in der Abbildung jeweils am größten dargestellte Figur ein Mädchen oder ein Junge (s. Abb.)?
  ☐ Stellen Sie fest, wie oft *männliche Figuren* die Führung übernehmen, aktiv sind, jemanden bei etwas beobachten oder jemandem helfen.
  ☐ Wie oft übernehmen *weibliche Figuren* die Führung, sind aktiv, beobachten jemanden bei etwas oder helfen jemandem?
■ Gibt es Bücher über *ethnische Minderheiten* und in welchem Umfang?
Wiederholen Sie mit einem Buch über ethnische Minderheiten die oben angeführten Schritte, achten Sie jedoch diesmal auf die unterschiedlichen Rollen von Schwarz und Weiß.

■ Gibt es Bücher über behinderte Kinder und in welchem Umfang?
Wiederholen Sie die oben beschriebenen Schritte, indem Sie diesmal auf die
Darstellung behinderter Kinder achten. Wie häufig findet sich ein Buch, das
positiv gefärbte Darstellungen von behinderten Kindern enthält?

Wenn Sie jedes Buch durchgesehen haben, entscheiden Sie, ob es verborgene
Botschaften über Mann und Frau oder über Angehörige ethnischer Minderheiten
enthält. Wäre es für den Gebrauch im Kindergarten geeignet? Wenn auch andere
diese Übung gemacht haben, vergleichen Sie Ihre Aufzeichnungen.

Wenn Kinder nur Bücher mit dieser Art von Abbildungen zur Verfügung haben, werden
sie zu folgenden Annahmen verleitet: Frauen bilden das Publikum für Männer und Jungen;
Jungen sind aktiv; schwarze Kinder sind sportlich; das Familienauto ist etwas für die
Männer in der Familie, während Frauen gewöhnlich mit Kinderbetreuung beschäftigt sind;
die normale Familie ist weiß, und beide Elternteile sind vorhanden.

Zum Diskutieren oder Nachdenken

■ Sie arbeiten in einer Schule in der Innenstadt mit Kindern verschiedener
ethnischer Minderheiten. Es ist Weihnachten, und eine Klassenlehrerin beschließt, ein Krippenspiel aufzuführen. Sie folgt dabei dem üblichen Vorgehen:
Alle Hirten sind Jungen, alle Engel werden von Mädchen gespielt. Maria ist
weiß, einer der Heiligen Drei Könige ist schwarz. Haben Sie Einwände gegen
dieses Spiel? Wenn ja, welche?

■ Sie konfrontieren ein Kind damit, daß es einen rassistischen oder sexistischen
Ausdruck verwendet hat. Es antwortet: „Aber mein Vater sagt das auch."
Was könnten Sie dem Kind sagen, so daß andere Personen in Schutz genom-
men werden und gleichzeitig seine Beziehung zum Vater respektiert wird?

■ Was würden Sie zu einem dem Kind in einer Spielgruppe sagen, das ein lern-
behindertes Kind nachäfft?

Botschaften von Macht und Gleichheit – Kernpunkte

■ Interpersonale Kommunikation enthält häufig Kontrollbotschaften. Einige davon sind recht offen. Das ist der Fall, wenn eine Person andere ihre Macht über sie spüren läßt oder dies versucht, indem sie die Betreffenden beleidigt, wenn sie moralisierende Bemerkungen über ihr Verhalten macht oder sie auf andere Weise herabsetzt.

■ Diese Kontrollbotschaften können wegen der ablenkenden Emotionen, die sie auslösen, zum Störfaktor bei der interpersonalen Kommunikation werden.

■ Das Verwenden von Stereotypen kann dazu dienen, ganze Menschengruppen zu kontrollieren, indem man ihnen nahelegt, welches Verhalten von ihnen erwartet und akzeptiert wird. Damit werden Menschen „auf ihren Platz verwiesen", und es trägt zu Sexismus, Rassismus und anderen ungerechten Einstellungen bei.

■ Über Stereotypisierungen hinaus können Spielzeuge, Bücher und Aktivitäten in Kinderkrippen und Spielgruppen für Kleinkinder deutlich machen, welches Verhalten von Schwarzen und Weißen, Gesunden und Behinderten, Mädchen oder Jungen erwartet wird.

■ Menschen gleich zu behandeln, bedeutet nicht, sie alle auf die gleiche Weise zu behandeln.

■ Wenn nicht für alle Kinder einer Betreuungseinrichtung geeignete Materialien zur Verfügung gestellt werden, so läßt dies vermuten, daß einige Gruppen weniger wichtig sind als andere, denn ihre Erfahrungen und Empfindungen werden ignoriert.

10 Wenn Sie kritisiert werden

Wo immer Sie arbeiten, werden sich aus Ihrer Tätigkeit Konflikte ergeben, in die Sie unmittelbar verwickelt sind, und bei denen Differenzen oder Streitigkeiten zwischen Ihnen und anderen den Gegenstand der Kommunikation bilden.

Es wird vorkommen, daß andere Personen, vielleicht Vorgesetzte, Eltern oder ein zorniges Kind, nicht mit Ihrem Verhalten einverstanden sind und Ihnen das auch sagen. Bei anderen Gelegenheiten mißbilligen Sie vielleicht selbst das Verhalten einer anderen Person und beschließen aus beruflichen Gründen, mit ihr darüber zu sprechen.

Wie Menschen in solchen Situationen reagieren, hängt von den Umständen sowie von den Beteiligten und ihrem jeweiligen Temperament ab. Es ist jedoch wichtig, sich zu vergegenwärtigen, daß ein interpersonaler Konflikt nicht notwendigerweise negative Auswirkungen haben muß: Er kann zum Ausgangspunkt für ein verbessertes gegenseitiges Verständnis werden und dazu führen, daß die jeweils andere Ansicht stärker berücksichtigt wird und sich konstruktive Lösungen für die Differenzen finden.

In diesem Kapitel wird Ihnen gezeigt, wie Sie das bislang über interpersonale Kommunikation Gelernte in einer besonders schwierigen Situation einsetzen können, nämlich dann, wenn Sie kritisiert werden. Es soll Ihnen dabei helfen, auf ein positives Ergebnis hinzuarbeiten, wenn jemand Sie mit etwas *konfrontiert,* das heißt, wenn Ihnen offen gesagt wird, daß Sie anderen ein Problem verursachen. Diese Kritik kann einigermaßen taktvoll geübt werden, oder aber die kritisierende Person berücksichtigt Ihre Gefühle in keiner Weise und ist in Ihren Augen ziemlich verletzend, vorwurfsvoll oder moralisierend – wie bereits beschrieben.

Niemand mag es, kritisiert zu werden, auch wenn die Kritik gerechtfertigt ist. Kritik kann Ihr Selbstvertrauen erschüttern und Sie aufgeregt und wütend zurücklassen, vor allem, wenn sie feindselig und aggressiv vorgetragen wird. Aber dennoch können Sie auch angesichts solcher Kritik einige eher konstruktive als destruktive Dinge tun, die beim Aufbau guter Arbeitsbeziehungen helfen können. Dazu gehören 5 Schritte:

1. Bleiben Sie ruhig, und vermeiden Sie eine Eskalation.
2. Hören Sie zu, und zeigen Sie Verständnis.
3. Entschuldigen Sie sich.
4. Klären Sie Mißverständnisse.
5. Schaffen Sie Situationen, in denen für beide Seiten ein Gewinn möglich wird.

10.1 Ruhig bleiben, Eskalation vermeiden

„Ruhig bleiben" ist oft leichter gesagt als getan. Angesichts von Kritik jedoch ruhig zu bleiben, ist unter Umständen absolut notwendig – zum Wohle aller Beteiligten.

Wenn der Punkt erreicht ist, an dem jemand meint, bezüglich einer schwierigen Situation etwas unternehmen zu müssen, jemanden konfrontieren zu müssen, so schlagen die Wellen der Gefühle möglicherweise schon ziemlich hoch. Dies kann die Angelegenheit komplizieren und schlimmer machen. Die Person, die eine Beschwerde hat und beschließt, sie zu artikulieren, fühlt sich benachteiligt, hat jedoch zusätzlich möglicherweise Angst, zu kritisieren. Auch bei der kritisierten Person kommen wahrscheinlich Gefühle hoch. Wenn jemand jedoch im Verlauf des Arbeitsprozesses kritisiert wird, ist er bzw. sie verpflichtet, dafür zu sorgen, daß die Emotionen die ordnungsgemäße Ausübung des Berufs nicht behindern. Es ist wichtig, ein Eskalieren der Situation zu vermeiden.

So ist beispielsweise eine Mutter verärgert, weil sie der Ansicht ist, eine Betreuerin habe ihr bronchitiskrankes Kind an einem kalten, nassen Morgen mit ins Freie genommen. Der Gedanke, an die Betreuerin heranzutreten, macht sie nervös, und sie ist ziemlich aufgeregt. Sie nimmt ihren ganzen Mut zusammen, geht strammen Schritts auf die Betreuerin zu und sagt ihr die Meinung. Die unmittelbare Reaktion der Betreuerin ist zunächst einmal Schreck, gefolgt von Wut darüber, daß die Mutter derart „grob" mit ihr spricht.

Würde sich die Betreuerin in diesem Fall gestatten, ihren Gefühlen nachzugeben und sie der Mutter gegenüber zum Ausdruck zu bringen, könnte sich die Situation sehr rasch zu etwas viel Schlimmerem, nämlich zu einem richtigen Streit entwickeln. Das aber wäre eine Situation, die so viele Störfaktoren

(s. S. 36–37) enthält, daß keine Seite wirklich hört, was die andere zu sagen hat. Die Betreuerin wäre den sehr realen Befürchtungen der Mutter gegenüber nicht offen, und die Mutter würde auf keine Erklärung hören, die von der Betreuerin möglicherweise zur Verteidigung vorgebracht wird.

Wenn Sie jemand– berechtigt oder unberechtigt – kritisiert, sollten Sie auf Ihre eigenen Gefühle und die der kritisierenden Person achten. Eine Menge darüber läßt sich an den nonverbalen Zeichen, der Stimmführung, dem Gesichtsausdruck usw. ablesen (s. S. 10–17). Die kritisierende Person sieht vielleicht böse drein, hebt die Stimme und gestikuliert heftig mit den Armen.

Wenn Sie auf diese Weise mit jemandem konfrontiert sind, sei es ein wütendes Kind, eine Kollegin oder ein Kollege, sollten Sie auch bei sich selbst auf Zeichen aufsteigender Empörung oder Wut achten und versuchen, sich zu beherrschen. Wenn Sie dies nicht tun, signalisieren Sie der anderen Person Ihre Erregtheit und heizen das emotionale Klima damit noch weiter an.

In solchen Fällen hilft eine bewußte Anstrengung, sich zu beruhigen. Manche folgen dem bekannten Spruch und zählen tatsächlich bis 10; das hält sie zumindest davon ab, das Erstbeste auszusprechen, was ihnen in den Sinn kommt. Es kann auch helfen, wenn Sie sich einfach sagen: „Ruhig bleiben." Aber das müssen Sie unter Umständen mehrmals tun, um sich mehr als einmal an diesen Vorsatz zu erinnern.

Wenn Ihr Gegenüber sehr aufgewühlt ist, sollten Sie entscheiden, ob das Gespräch hier und jetzt stattfinden sollte. Ist der Eingang einer Betreuungseinrichtung für Schulkinder, in dem einige davon herumstehen und zuhören, der richtige Ort, um mit einem erkennbar verärgerten Elternteil zu sprechen? Sollten Sie eine lautstarke Auseinandersetzung in einem Raum voller Babies gestatten? Würde vielleicht eine Phase der „Abkühlung" helfen? Gibt es eine Möglichkeit, das Gespräch zu verschieben, ob für 5 Minuten oder für einen Tag oder länger, um der Situation die Explosivität zu nehmen?

Diese beiden werden sich erst einmal eine Weile abkühlen müssen, bevor sie wieder miteinander sprechen können.

Wenn Sie versuchen, eine Abkühlungsperiode einzulegen oder die Unterhaltung an einen besser geeigneten Ort verlagern möchten, achten Sie darauf, daß Sie nicht den Eindruck erwecken, als ob Sie die betreffende Person bzw. deren Anliegen zurückweisen würden. Erklären Sie, daß Sie die Klage ernst nehmen, sich ihr jedoch besser widmen könnten, wenn es möglich wäre, an einem ruhigeren Ort oder zu einem Zeitpunkt darüber zu sprechen, an dem Sie ihr die volle Aufmerksamkeit zuwenden können. Lassen Sie nicht im Unklaren, wo und wann Sie sich treffen können, damit die betreffenden Person ihr Anliegen vorbringen kann, und achten Sie besonders darauf, Ort und Zeit so zu wählen, daß der Termin Ihnen beiden paßt.

Übung

> Denken Sie sich möglichst viele Formulierungen aus, um auszudrücken, daß Sie ein Gespräch, das eine hitzige Diskussion zu werden verspricht, gerne auf ein anderes Mal verschieben würden.

10.2 Zuhören und Verständnis zeigen

Es muß betont werden, wie wichtig es ist, sorgfältig zuzuhören, wenn man kritisiert wird. Lassen Sie Ihr Gegenüber aussprechen, ohne zu unterbrechen: Hören Sie bis zum Schluß zu. Dann lassen Sie die andere Person wissen, daß Sie das Wesentliche ihrer Kritik verstanden haben, indem Sie ihre Worte widerspiegeln (s. Kap. 5 und 6). Auf diese Weise können Sie auch überprüfen, ob Sie wirklich verstanden haben, worum es geht. Denn sollten bei Ihnen Mißverständnisse vorliegen, wird Ihr Gegenüber die Angelegenheit höchstwahrscheinlich richtigstellen.

So kommt beispielsweise eine Kollegin aus der Spielgruppe zu Ihnen und sagt: „Jetzt langt es mir wirklich, daß du jeden Mittwochnachmittag eine Menge Zeug draußen herumliegen läßt, das ich dann am Donnerstagmorgen aufräumen muß, wenn ich komme. Ich habe keine Zeit, um neben meiner Arbeit auch noch deine zu machen. Nur weil du mittwochs früher gehst, heißt das nicht, daß du nicht aufzuräumen brauchst. Ich kann nicht deine Sachen wegräumen und gleichzeitig mit all dem vorwärtskommen, was ich hier zu tun habe. Außerdem ist es unfair gegenüber den Kindern."

Der hilfreichste Schritt wäre eine Antwort, die Ihrer Kollegin zu verstehen gibt, daß Sie die Botschaft erhalten haben – etwa so: „Du mußt am Donnerstag immer meine Sachen aufräumen und kommst mit deiner eigenen Arbeit nicht weiter?" Dies spiegelt den Inhalt der Kritik wider: Ihre Kollegin muß hinter Ihnen herräumen. Selbst wenn Sie etwas derartiges sagen, kann es immer noch sein, daß sie nicht erkennt, daß Sie wirklich verstanden wurde, und einen Teil ihrer Klage wiederholt: „Ich habe donnerstags genug zu tun und komme so schon kaum zurecht." Spiegeln Sie abermals wider, und tun Sie dies auch mit den Gefühlen Ihrer Kollegin: „Weil ich am Mittwoch nicht alles aufräume, fühlst du dich am Donnerstag morgen richtig unter Druck."

So lange die kritisierende Person nicht weiß, daß sie verstanden wurde und Sie ihrer Sichtweise weder ausweichen noch sie verleugnen, kurz gesagt, solange Sie den Beschwerdegrund – eine persönliche Erfahrung – nicht erkennbar ernst nehmen, wird jede Lösung, Erklärung oder Entschuldigung, die Sie vielleicht anbieten, möglicherweise gar nicht richtig gehört. Wie immer bei der interpersonalen Kommunikation ist es auch angesichts von Kritik wichtig, das Erleben anderer Personen zu respektieren.

10.3 Sich entschuldigen

Entschuldigen Sie sich, wenn Sie Unrecht haben. Wir alle machen Fehler, das gehört zum Alltag. Vielleicht haben Sie eine Anweisung mißverstanden oder vergessen, oder vielleicht war Ihnen nicht klar, wie Ihr Handeln auf andere wirken würde. Unter diesen Umständen besteht die angemessenste und respektvollste Art des Vorgehens darin, anzuerkennen, daß die andere Person Grund zur Klage hat. Sagen Sie, daß es Ihnen leid tut und bringen Sie auch zum Ausdruck, welche Schritte Sie unternehmen wollen, um die Sache in Ordnung zu bringen. In der soeben beschriebenen Situation (Wegräumen) könnten Sie z. B. antworten: „Es tut mir leid wegen der Sachen. Ich dachte, du wolltest sie benutzen, aber das hätte ich prüfen müssen. Ich werde sie in Zukunft wegräumen."

10.4 Mißverständnisse klären

In manchen Fällen bedarf es lediglich der Klärung von Mißverständnissen, die der Kritik zugrunde liegen. So könnte es sich in dem Beispiel, in dem es um die Mutter mit dem bronchitiskranken Kind ging, um ein Mißverständnis seitens der Mutter gehandelt haben. Nachdem sie gut zugehört hat, wäre das beste, was die Betreuerin sagen könnte, etwa folgendes: „Sie dachten, Carol wäre mit ihrem bösen Husten nach draußen zum Spielen gegangen? Ich kann Ihre Verärgerung verstehen. In Wirklichkeit ist sie aber gar nicht rausgegangen, sondern ich habe sie den ganzen Tag über drinnen behalten."

10.5   # Wenn beide Seiten gewinnen

Läßt sich ein Konflikt nicht durch eine einfache Erklärung oder Entschuldigung bereinigen, dann ist es am besten, wenn beide Seiten sich damit zufriedengeben, soweit wie irgend möglich das beste Ergebnis für alle Beteiligten zu erreichen. Versuchen Sie daher zunächst, den Standpunkt der anderen Person zu verstehen, gehen Sie davon aus, daß er nachvollziehbar ist, und spiegeln Sie das wider. Versuchen Sie dann, Ihren eigenen Standpunkt zu erläutern (s. Kap. 11), und laden Sie Ihr Gegenüber ein, eine Lösung zu finden, die Ihnen beiden paßt, auch wenn es dabei ein wenig zu Geben und Nehmen kommen muß. Wenn Sie versuchen, auf Kosten der anderen Person zu gewinnen, indem Sie sie auf irgendeine Weise erniedrigen oder übervorteilen, werden Sie möglicherweise feststellen, daß Sie beide – und vielleicht auch andere Erwachsene und Kinder, mit denen Sie arbeiten – dabei verlieren.

So kommt beispielsweise Steve, ein Kindergärtner, zu Nadine ins Nachbarzimmer und beklagt sich darüber, daß Nadine immer musikalische Aktivitäten durchführt, wenn seine Gruppe nebenan Ruhezeit hat. Zuerst ärgert sich Nadine über Steves brüske Umgangsformen. Aber sie bleibt ruhig, hört seine Beschwerde an und läßt ihn wissen, daß sie sein Problem und die damit verbundenen Gefühle versteht.

Steve entspannt sich ein wenig, und Nadine erklärt, daß ihre Gruppe zu dieser Zeit Musik macht, weil ihr dann die Musikinstrumente des Kindergartens zur Verfügung stehen, daß sie die Störung jedoch bedauert. Sie denken über alle möglichen Wege zur Lösung des Problems nach, etwa den Wechsel der Räume und ein Verschieben der Zeiten, zu denen die verschiedenen Gruppen die Musikinstrumente benutzen. Schließlich kommen sie auf eine Idee, die beiden paßt – zum Nutzen beider Gruppen.

Zum Diskutieren oder Nachdenken

- Können Sie sich an Gelegenheiten erinnern, bei denen sich die Stimmung bereinigte, nachdem Sie etwas mit einer Person geklärt hatten – oder diese mit Ihnen? Gab es andere Gelegenheiten, bei denen sich das Klima nach einer Kritik verschlechterte? Gab es Unterschiede in der Art, wie mit diesen Situationen jeweils umgegangen wurde?
- Welche der folgenden 5 Arten des Umgangs mit Kritik erscheint Ihnen am schwierigsten: die Situation abkühlen lassen, zuhören und Verständnis für die andere Person zeigen, sich entschuldigen, Mißverständnisse klären oder eine Lösung finden, bei der beide Seiten gewinnen?
- Was sollten BetreuerInnen tun, wenn ein Kind sie offen kritisiert?

Setzen Sie jedesmal, wenn Sie bei der Arbeit oder anderswo kritisiert werden, die Fertigkeiten ein, die Sie in diesem Kapitel gelernt haben. Machen Sie sich später Notizen darüber: Was geschah? Wie haben Sie reagiert? Wie war das Ergebnis? Was war schwierig? Gab es Überraschungen?

Es gibt zwei Rollen: Reg, den Vater des zweijährigen Gary, und Sally, seine Kindergärtnerin. Reg fand gestern abend Bißspuren an Garys Bein und ist sehr aufgeregt. Am nächsten Morgen spricht er als erstes mit Sally darüber.
Führen Sie dieses Rollenspiel zweimal durch: einmal mit Sally in der Defensive und ein zweites Mal, bei dem sie in der oben beschriebenen Art versucht, so konstruktiv wie möglich vorzugehen.
Welche Unterschiede erkennen Sie im Kommunikationsverhalten von Reg und Sally?

Wenn Sie kritisiert werden oder jemand sich über Ihre Arbeit beschwert, können Ihnen folgende Punkte helfen, zum Vorteil aller Beteiligten konstruktiv zu sein:

- Bringen Sie die Situation wenn nötig zum Abkühlen. Seien sie sich jeglicher Störung durch Ihre eigenen Gefühle bewußt, und tun Sie Ihr möglichstes, um ruhig zu bleiben. Achten Sie darauf, wie Ihr Gegenüber nonverbal Gefühle mitteilt.
- Versuchen Sie, den Standpunkt der anderen Person zu erkennen, und lassen Sie sie wissen, daß Sie ihn verstehen. Spiegeln Sie wider, was Ihr Gegenüber Ihnen sagt. Das hilft, die Streitpunkte zu klären und zeigt Ihren Respekt.
- Wir alle machen mal einen Fehler. Entschuldigen Sie sich daher, wenn Sie im Unrecht sind.
- Wenn es sich um ein Mißverständnis handelt, klären Sie es, indem Sie erläutern, was tatsächlich geschah.
- Vermeiden Sie Situationen, bei der eine Seite verliert, und setzen Sie Ihr ganzes Geschick in bezug auf interpersonale Kommunikation ein, damit beide Seiten „gewinnen". Regen Sie an, daß beide Seiten über Möglichkeiten zur Überwindung der Schwierigkeiten nachdenken und gemeinsam diejenige auswählen, die sie am ehesten zufriedenstellt.

Konfrontation mit anderen

Im vorangegangenen Kapitel ging es darum, daß jemand eine Beschwerde hat und Sie sich Kritik gegenübersehen. In diesem Kapitel geht es um die Kehrseite der Medaille. Es geht um Situationen, in denen Sie das Bedürfnis nach *Konfrontation* mit anderen Personen – Erwachsenen oder Kindern – verspüren. Um ein Problem zu lösen, beschließen Sie, jemanden auf das anzusprechen, was Sie stört.

Für diejenigen, die in der Kinderbetreuung noch nicht erfahren sind – das gilt auch für Studierende – empfiehlt es sich, jemanden um Rat zu fragen, der über mehr Erfahrung verfügt, anstatt direkt an die betreffende Person heranzutreten. Es ist immer besser, Rat einzuholen, wenn es sich um eine gravierende Angelegenheit handelt, oder wenn Sie sich Gedanken darüber machen, was Sie tun sollen. Vielleicht sind an Ihrem Arbeitsplatz bestimmte Vorgehensweisen im Umgang mit gewissen Problemen üblich, etwa mit rassistischer oder sexistischer Sprache, mit Verspätungen der Eltern oder dem inakzeptablen Verhalten eines Kindes. Sie sollten das herausfinden, wenn Sie es nicht schon wissen. Außerdem könnten erfahrenere BetreuerInnen Kenntnisse über ein Kind oder dessen Familie haben, die berücksichtigt werden sollten. Es mag daher sein, daß die Person, an die sie sich wenden, beschließt, selbst etwas zu unternehmen, statt dies jemandem mit weniger oder keiner Erfahrung zu überlassen.

Die Entscheidung, sich mit anderen über deren Verhalten auseinanderzusetzen, sollte nur aus guten beruflichen Gründen getroffen werden. Ein beruflicher Grund könnte darin bestehen, daß die Handlungen der Betreffenden – mittelbar oder unmittelbar – nicht dem Besten der Kinder dienen. Es könnte auch sein, daß das zur Debatte stehende Verhalten Sie bei der Arbeit behindert.

Beispiele:

- In einer Spielgruppe für Kinder unter 5 Jahren beschäftigt sich eine Mutter, die als freiwillige Hilfskraft arbeitet, nicht mit den Kindern, sondern sitzt die ganze Zeit nur daneben. Sie haben den Eindruck, daß ihrem eigenen Kind, aber auch den anderen, dadurch etwas abgeht.

- Ein Kollege verhält sich anscheinend gedankenlos und plaudert lange am Telefon, während eine Menge Vorbereitungen zu treffen sind. Das bedeutet, daß unbedingt notwendige Arbeiten nicht zur rechten Zeit abgeschlossen werden können. Andere BetreuerInnen sind verärgert, und als die Kinder eintreffen, sind die für sie geplanten Aktivitäten noch nicht genügend vorbereitet.

- Sie sind Tagesmutter, und ein Vater kommt häufig zu spät, um sein Kind abzuholen. Sie sind der Ansicht, daß das Kind ängstlich wird, wenn sein Vater nicht rechtzeitig kommt. Darüber hinaus hält sich der Vater nicht an die Übereinkunft, das Kind pünktlich abzuholen. Dies wirkt sich auf Ihre Stimmung aus – Sie sind verärgert –, und Sie können nicht weggehen, bevor er auftaucht.

- Ein Kind verhält sich aggressiv gegenüber einem anderen und verwendet rassistisches Vokabular. Sie denken, daß dies für beide Kinder nicht wünschenswert ist.

In all diesen Fällen haben Sie die Wahl: Entweder Sie finden sich mit dem ab, was Sie stört, oder Sie unternehmen etwas, indem Sie die Betreffenden damit konfrontieren.

Es mag seinen Reiz haben, sich auf ein Problem nicht einzulassen, und zweifellos können Sie sich Fälle vorstellen, in denen dies eindeutig der beste Weg ist. Es gibt aber auch Situationen, in denen es ein Fehler wäre, nichts zu tun, und Sie müssen handeln. So können BetreuerInnen beispielsweise nicht daneben stehen und zulassen, daß Kinder einander verletzen. Möglicherweise erscheint das Problem jedoch nicht so dringend, und die BetreuerInnen sehen davon ab, einen bestimmten Sachverhalt anzusprechen, auch wenn sie wissen, daß es eigentlich notwendig wäre. Vielleicht haben sie Angst, die Betreffenden könnten verärgert reagieren. Oder sie glauben, sie müßten sich überbeschützend verhalten und befürchten, daß die betreffende Person verletzt sein könnte, wenn sie kritisiert wird.

Aus welchem Grund auch immer die Gefühle unterdrückt werden, das Ergebnis kann darin bestehen, daß sich die Verärgerung auf anderen, weniger direkten Wegen zeigt. Eine andere Möglichkeit besteht im Auftreten von Wutausbrüchen, wenn die Situation irgendwann nicht länger ertragen werden kann, und es wird mehr Schaden angerichtet, als wenn das Problem schon zu einem früheren Zeitpunkt angegangen worden wäre. Die Angegriffenen sind zu Recht bestürzt und sagen vielleicht „Warum hast du das nicht schon früher gesagt?" oder „Ich wußte nicht, daß ich dir Probleme mache."

Sicher ist es besser, ein nicht akzeptierbares Verhalten sofort anzugehen, damit es nicht zu einem noch größeren Problem wird. Verhalten Sie sich nicht so, als könne man Ihre Gedanken lesen – Sie müssen sie aussprechen, wenn sie Ihnen Sorgen bereiten. Es ist beruhigend, wenn man weiß, wie mit Auseinandersetzungen in einer Weise umgegangen werden kann, daß niemand ungerechterweise verletzt wird und ein befriedigendes Ergebnis zustandekommt.

Die BetreuerInnen müssen jedoch ebenfalls darüber nachdenken, ob sich Probleme – auch im Verhalten der Kinder – nicht vielleicht aus der Organisationsstruktur der Einrichtung ergeben. So steht vielleicht nur ein Exemplar eines besonders beliebten Spielzeugs zur Verfügung, etwa eine Wippe oder eine Schaukel, was zu Konkurrenzverhalten und Aggression unter den Kindern führt. An der Lösung dieses Problems müssen die BetreuerInnen arbeiten, indem sie sich beispielsweise fragen, wie sie die Kinder dazu anleiten können, das Teilen als selbstverständlich zu begreifen, und es nicht nur hinzunehmen, weil sie bei diesem einen Spielgerät dazu gezwungen werden. Werden vielleicht trotzdem mehrere davon benötigt? Läßt sich ein gerechter Turnus organisieren, auf den man sich einigen kann? Sollten die Kinder aufgefordert werden, gemeinsam in der Gruppe darüber nachzudenken?

Zum Diskutieren oder Nachdenken

- Fällt Ihnen eine Situation ein, die sich verschlechtert hat, weil jemand es vermied, sich mit einer anderen Person über deren Verhalten auseinanderzusetzen?
- Gibt es Ihrer Erfahrung nach Gelegenheiten, bei denen es besser ist, eine Auseinandersetzung mit einer Person, die Ihnen Probleme bereitet, zu vermeiden?
- Stimmen die BetreuerInnen immer darin überein, was „akzeptabel" ist und was nicht? Welche Probleme können sich daraus ergeben, und was sollte dann getan werden?

11.1 Konstruktive Auseinandersetzungen

Denken Sie daran, daß Sie bei einer Auseinandersetzung einer anderen Person wegen eines Problems in deren *Verhalten* gegenübertreten. Sie *kritisieren diese Person nicht als solche*. Resultat der Konfrontation sollte sein, daß die Schwierigkeiten beseitigt werden, ohne daß Ihr Verhältnis zu der kritisierten Person oder deren Selbstachtung Schaden nehmen. Dies ist zwar immer wichtig, aber es wird unabdingbar bei der Arbeit mit Kindern.

11.1.1   Ruhe bewahren

Tadeln Sie niemanden wegen seines Verhaltens, wenn Sie sehr aufgeregt sind. So als ob Sie selbst die kritisierte Person wären, müssen Sie auch in dieser Situation hinreichend beherrscht sein, um konstruktiv zu sein und Ihre Worte sorgfältig wählen zu können (s. S. 110–111). Wenn sie Ihre Gefühle nicht unter Kontrolle haben, sagen Sie vielleicht Dinge, die die Beziehung untergraben und die Sie später bereuen. Denken Sie daran, daß das offene Zurschaustellen von Wut oder Verärgerung bei anderen Gefühle hervorrufen kann, die den Empfang Ihrer „Botschaft" beeinträchtigen. Es ist sehr wohl möglich, daß die angesprochene Person nicht wirklich zuhört, sondern zu sehr von ihren eigenen Gefühlen der Wut, Angst oder Scham eingenommen ist, die durch Ihren unerwarteten „Angriff" hervorgerufen wurden. Vergegenwärtigen Sie sich deshalb: Ruhe bewahren!

11.1.2   Die richtige Zeit und den passenden Ort wählen

Über die richtige Zeit und den rechten Ort einer Auseinandersetzung müssen Sie entscheiden (s. S. 110–111). Vielleicht sind Sie in der Hitze des Augenblicks, wenn Sie wegen einer Angelegenheit wütend oder verletzt sind, nicht in der Lage, einem Problem so zu begegnen, daß etwas Vernünftiges dabei herauskommt. Oder wenn ein Kind ein anderes geschlagen hat und jetzt einen Wutanfall bekommt, so warten Sie besser ab, bis sich die Dinge beruhigt haben, bevor Sie weitere Maßnahmen ergreifen. Auch bei einem Erwachsenen, der sich gerade wegen irgend etwas Sorgen macht, ist dies kein geeigneter Augenblick, um ein Problem anzusprechen.

11.1.3   Auf Mißverständnisse prüfen

Wenn Sie sich zu einer Auseinandersetzung mit einer anderen Person entschieden haben, besteht der erste Schritt darin, höflich und ernsthaft zu überprüfen, ob nicht bei Ihnen oder beim Gegenüber ein Mißverständnis vorliegt. Dies verschafft Ihnen die Möglichkeit, sich elegant aus der Affäre zu ziehen, wenn der Fehler auf Ihrer Seite liegt, und die andere Person hat die Möglichkeit, sich zu entschuldigen, wenn es deren Fehler war. Ein Beispiel:

Kindergärtnerin: „Entschuldigen Sie bitte, wußten Sie, daß ich all dies Material soeben zurechtgeschnitten habe, um es ins Regenbogen-Zimmer zu bringen?"

Kollegin: „Oh Verzeihung! Ich dachte, es sei für uns."

Sie können auch überprüfen, ob Sie eine Situation richtig verstehen. Zwei Beispiele:

1. Betreuerin in der Kinderkrippe: „Warum hast du all diese Puppen durchs ganze Zimmer geworfen?"

Kind: „Weil es gebrannt hat und sie alle weggelaufen sind."

2. Kindergärtnerin: „Habe ich das richtig verstanden? Ich dachte, Sie hätten gesagt, daß Mary freitags mir helfen würde, aber sie ist der Ansicht, daß sie das Sonnenschein-Zimmer beaufsichtigen soll."

Diensthabende: „Oh, das tut mir leid, ich habe vergessen, es ihr zu sagen" Oder: „Nein, wenn Sie sich erinnern: Das war für die Zeit nach Ostern, wenn die neue Assistentin kommt."

Natürlich muß Ihre nonverbale Kommunikation die verbale Kommunikation unterstützen, wenn Sie die Angelegenheit auf Mißverständnisse prüfen. Ein anklagender Tonfall könnte denselben Worten eine ganz andere Bedeutung verleihen. Stellen Sie sich die Wirkung vor, wenn Sie zwischen zusammengebissenen Zähnen hervorstoßen: „Entschuldigen Sie bitte, wußten Sie, daß ich all dies Material soeben zurechtgeschnitten habe, um es ins Regenbogen-Zimmer zu bringen?"

Jede Auseinandersetzung erfordert Takt und sensiblen Umgang, in einigen Situationen ist jedoch besondere Sorgfalt vonnöten. Solch ein Fall ist die oben erwähnte Mutter, die sich nicht an der Spielgruppe beteiligt. Sie sollten prüfen, ob ihr bewußt ist, was sie in der Spielgruppe tun sollte. Vielleicht ist sie der Meinung, lediglich auf die Kinder aufpassen zu müssen. Solch ein Gespräch erfordert gewöhnlich eine gewisse Vorbereitung, etwa die Erkundigung danach, wie ihr die Arbeit als Helferin gefällt, und ob es Schwierigkeiten gibt, anstelle der platten Frage „Wie stellen Sie sich vor, daß Sie hier Ihre Zeit zubringen sollen?" Vielleicht fühlt sie sich gehemmt, und Sie müssen ihr helfen, auf die Beine zu kommen, indem Sie sie ermutigen, statt sich mit ihr auseinanderzusetzen.

Bevor Sie weiterlesen, empfiehlt sich die folgende Übung.

Übung

Diese Übung können Sie allein, zu zweit oder in einer Gruppe durchführen. Stellen Sie sich bei jedem der folgenden Beispiele vor, Sie seien die sprechende Person, die jemanden mit einem Problem konfrontiert. Finden Sie andere, geeignetere Wege der Konfrontation. Entwickeln Sie Vorschläge, wie Sie das Gespräch eröffnen könnten, um zu prüfen, ob bei der angesprochenen Person ein Mißverständnis vorliegt, oder ob es irgendein anderes Problem gibt, von dem Sie nichts wissen.

- Stationsschwester in einem Krankenhaus zur Kinderkrankenschwester, die zum vierten Mal hintereinander zu spät kommt: „Sie sind sehr unpünktlich!"
- Leiterin der Kinderkrippe zu einer Auszubildenden, die im Aufenthaltsraum für die BetreuerInnen sensible Details über das Personal ausplaudert, die ihr die Mutter eines Kindes erzählt hat: „Sie sollten nicht auf diese Weise tratschen! Das ist unprofessionell."

> ■ Kindergärtnerin zu einer Kollegin, die einen an sie gerichteten Brief geöffnet hat: „Du hast meine private Korrespondenz gelesen!"
> ■ Spielbegleiter zu einer Reinigungskraft: „Warum ist der Boden im Eingangsbereich naß? Warum haben Sie ihn nicht schon früher saubergemacht, wie Sie es eigentlich hätten tun sollen? Es ist wirklich gefährlich, die Kinder sind ausgerutscht..."
> ■ Betreuerin zu einem Auszubildenden, der Spielsachen wegräumt: „So wie Sie das machen, geht das nicht!"
> ■ Eine Kindergärtnerin zur anderen: „Ihr habt unser Radio jetzt schon zwei Wochen lang, das ist ungerecht."
> ■ Tagesmutter zu einer Mutter, die ihr Kind zu spät abholt: „Es ist wirklich gedankenlos, so spät zu kommen."
> ■ Betreuerin in einem Kinderhort zu einem Fünfjährigen, der seinen Mantel nicht aufgehängt hat: „Du bist heute wirklich faul."

11.1.4 Vorwürfe vermeiden

Wenn es keine Mißverständnisse zwischen Ihnen gibt, die andere Person Ihr Problem jedoch nicht versteht, müssen Sie ihr helfen, die Dinge aus Ihrem Blickwinkel heraus zu sehen. Es wird jedoch schwerfallen, sie dazu zu bewegen, wenn Sie die Person bekämpfen. Wenn sie Ihrem Gegenüber also von dem Problem berichten, vermeiden Sie Vorwürfe oder moralisierende Bemerkungen über Verhalten oder Charakter. Das führt nur zu Störungen (s. S. 36–37) und hindert die Person daran, Ihnen zuzuhören und Ihren Standpunkt zu erkennen.

Wenn eine Betreuerin sagt, „Michael, du bist ein ungezogener, bösartiger Junge, weil du Wayne gebissen hast", dann besteht die stärkste Botschaft, die bis zu Michael durchdringt, wahrscheinlich darin, daß die Betreuerin ihn nicht mag. Es wäre viel lohnenswerter, Michael dabei zu helfen, daß er versteht: Auch Wayne hat Gefühle, und Wayne ist verletzt.

Es ist sehr wichtig, eine vorwurfsvolle Sprache und Sprechweise zu vermeiden, aber das kommt sicher nicht von allein. Viele von uns sind an Situationen gewöhnt, in denen Vorwürfe und Kritik dazu dienen, andere zu kontrollieren oder zumindest den Versuch dazu zu machen (s. S. 89–92). Es erscheint ganz normal, entsprechend zu reagieren. Weil aber Vorwürfe auf die Person und nicht auf das Verhalten gerichtet sind, vermitteln sie kein klares Bild des Verhaltens, das dem Problem zugrunde liegt.

Zum Diskutieren oder Nachdenken

Sicher erinnern Sie sich an Gelegenheiten, bei denen Sie selbst kritisiert wurden, und wie Sie sich dabei gefühlt haben. Sehen Sie nach, wieviel Beispiele für Vorwürfe und Moralisieren Ihnen in der folgenden Szene auffallen. Welche Wirkung haben Sie auf Yusef, den Kindergärtner?

Jean, die stellvertretende Leiterin, kommt heute so gerade eben über die Runden. Die Leiterin ist unterwegs, und beide BetreuerInnen des Baby-Zimmers haben angerufen, um mitzuteilen, daß sie krank seien. Jean ist die einzige Anwesende, die mit der Betreuung von Babys wirklich Erfahrung hat; daher beschließt sie, das Baby-Zimmer selbst zu übernehmen, zusammen mit Yusef, einem neuen Kollegen, der sonst für einen anderen Raum zuständig ist.
Wegen einer Notaufnahme wird sie ans Telefon gerufen. Bevor sie geht, bittet sie Yusef, die Flasche auszuwaschen, die soeben für das jüngste Baby benutzt wurde, und den Laufstall sowie einige Spielgeräte aus dem Garten ins Haus zu bringen, denn es sieht nach Regen aus.
Jean ist länger fort, als sie erwartet hatte. Bei ihrer Rückkehr stellt sie fest, daß Yusef weder die Flasche ausgewaschen noch die Spielsachen aus dem Garten hereingebracht hat. Wie sie bereits vorausgesehen hatte, fängt es zu regnen an. Die Nahrung für die älteren Babies kommt jede Minute an, aber nichts ist vorbereitet. Yusef sitzt da mit einem Baby auf dem Arm, und ein zweites krabbelt auf der vor ihm liegenden Matte herum. Die anderen liegen in ihren Bettchen. Es kommt zu folgendem Gespräch:
Jean: „Sieh mal, Yusef, du hast nichts von dem getan, um das ich dich gebeten hatte. Ich hatte erwartet, daß du weitermachst, damit wir auf die Mahlzeiten vorbereitet sind, wenn ich zurückkomme. Statt dessen sehe ich dich hier mit den Babies spielen. Du wirst deiner Aufgabe einfach nicht gerecht."
Yusef: „Ich dachte... ich meine, ich konnte nicht alles machen, und Donna hat geweint, und ich dachte, ich sollte..."
Jean: „Ich habe dich gebeten, etwas zu tun, und du hast es einfach nicht zur Kenntnis genommen. Du hast nicht mal die Flasche ausgespült. Das reicht nicht. Es wird von dir erwartet, als ausgebildeter Kindergärtner zu handeln – da wäre ich ja mit einem Auszubildenden im ersten Jahr besser dran gewesen."
Yusef (verstockt): Ich konnte die Flaschenbürste nicht finden, und Donna fing an zu schreien, da habe ich sie auf den Arm genommen..."
Jean: „Schau, hier ist die Flaschenbürste, genau vor deiner Nase. Jetzt mach um Himmels willen weiter, und sieh zu, daß alles fertig ist, wenn ich wiederkomme."

11.1.5 Ich- und Du-Botschaften

Vorwürfe und Kritik werden oft eingesetzt, um Menschen zu veranlassen, ihr Verhalten zu ändern. Sie sollten jedoch vermieden werden. Sagen Sie der Person, mit der Sie sich auseinandersetzen müssen, statt dessen, welche Auswirkungen ihr Verhalten auf Sie und Ihre Arbeit einschließlich Ihrer Verantwortung gegenüber Eltern und Kindern hat. Bringen Sie das, worum es Ihrer Ansicht nach geht, durch Wendungen wie „Ich meine...", „Ich brauche..." oder „Ich habe ein Problem..." zum Ausdruck. Diese Art der Darstellung ist als Ich-Botschaft bekannt. Der Schwerpunkt liegt auf Ihnen, Ihren Verantwortlichkeiten und Bedürfnissen sowie den Problemen, die sich aus den Handlungen einer anderen Person für Sie ergeben.

Auf der anderen Seite legt eine Du-Botschaft den Schwerpunkt auf Kritik und Vorwürfe gegenüber der anderen Person. Du-Botschaften sagen anderen, wie schrecklich, gedankenlos, unordentlich oder was immer sie sind und rufen Kommunikationsstörungen und Feindseligkeit hervor.

Eine hilfreiche Formulierung, um die Auswirkungen der Handlungen der anderen Person auf Sie selbst anzusprechen, besteht in: „Als du/Sie (...), habe ich mich (...) gefühlt." Ein Beispiel: „Als du heute morgen so lange telefoniert hast, habe ich mich wirklich gehetzt gefühlt und mir Sorgen gemacht, ob ich alles schaffe." Und nicht: „Es ist wirklich gedankenlos, mich die ganze Arbeit machen zu lassen, während du die Zeit mit deinen Freunden am Telefon vertrödelst."

Über Ich-Botschaften erhält die angesprochene Person eine Information, die sie möglicherweise vorher noch nicht hatte: daß ihre Handlungen Sie nämlich unter Druck setzen. Allein dies genügt vielleicht, um eine Verhaltensänderung herbeizuführen. Es könnte sich ferner eine gute Gelegenheit ergeben, das lange Telefonat Ihnen gegenüber zu begründen. Diese positive Art des Umgangs mit Problemen klärt die Atmosphäre und schafft gute Arbeitsbeziehungen.

11.1.6 Grenzen setzen

Manchmal erfordert Ihre Verantwortung gegenüber den Menschen, mit denen Sie arbeiten, eine Auseinandersetzung bezüglich der Regeln am Arbeitsplatz. Diese Regeln werden oft als Grenzen bezeichnet, die die Trennung zwischen annehmbar und unannehmbar markieren. Grenzen gelten sowohl für das Verhalten von Erwachsenen wie auch von Kindern.

11.1.6.1 Grenzen setzen bei Kindern

Bisweilen müssen Sie Kindern Grenzen aufzeigen, Sie müssen ihnen zeigen, was akzeptabel ist und was nicht. Bei einem Baby oder einem Kleinkind geben ein klares „Nein" und das Entfernen des Kindes vom Ort des Geschehens zu erkennen, daß Sie ein bestimmtes Verhalten nicht akzeptieren.

Wird einem älteren Kind gesagt, was akzeptabel ist und was nicht, sollte das von einer Begründung begleitet sein. Dem Kind gegenüber etwas zu begründen, kann an dessen Gerechtigkeitssinn appellieren und zeigt, daß Sie es ernst nehmen – es ist nicht nur da, um unbegründeten Befehlen zu gehorchen.

Wenn ein Kind ein anderes schlägt, trennen Sie die beiden, und sagen Sie zu dem aggressiven Kind: „Wir schlagen niemanden – das tut weh." Auf diese Weise schützen Sie das eine Kind und geben dem anderen klar zu verstehen, was von ihm erwartet wird. Das gibt Sicherheit: Kinder wissen dann, wo sie stehen. Darüber hinaus begründen Sie die Regel, und zwar auf eine Weise, die dem Kind hilft, sich daran zu erinnern, daß auch andere Menschen Gefühle und Rechte haben. Gleiches gilt für den Gebrauch einer rassistischen Sprache. Kindern sollte vermittelt werden, daß rassistische Ausdrücke nicht akzeptiert werden, weil sie andere Menschen verletzen.

Ferner mag es notwendig sein, ein Kind um eine Erklärung für sein inakzeptables Verhalten zu bitten, um Mißverständnisse aufzuklären (s. S. #95–96) und den Standpunkt des Kindes besser kennenzulernen. Es ist besser, eine nicht bedrohliche Frage wie „Was ist passiert?" zu stellen, als zu fragen: „Warum hast Du das getan?"

Manchmal geraten Kinder auch in Gefahr, sich selbst zu verletzen oder entgegen ihren eigentlichen Interessen zu handeln. Vielleicht tun sie etwas Gefährliches. Vielleicht benutzt ein Kind in einer Spieleinrichtung für ältere Kinder Gerätschaften zum Basteln ständig entgegen Ihren Anordnungen und auf gefährliche Weise. Oder eine Spielbegleiterin entdeckt ein Kind beim Rauchen. Auch hier sollten die Grenzen geklärt werden, denn Kinder müssen vor den Auswirkungen eigenen gefahrenträchtigen Verhaltens geschützt werden.

In manchen Spieleinrichtungen und Kinder-Clubs halten die Kinder Versammlungen ab, bei denen Regeln für die Grenzen hinsichtlich angemessenen und unangemessenen Verhaltens besprochen werden. Auf diese Grenzen kann dann beim Schlichten von Streitfällen Bezug genommen werden, da sich alle darauf geeinigt haben. So sorgt beispielsweise das Eintragen in eine Liste dafür, daß beim Tischtennis oder Billard alle einmal drankommen.

Anhand der beschriebenen Situationen zeigt sich, daß das Setzen von Grenzen mit einer Erklärung und einem Appell an die Fairneß der Kinder einhergehen sollte. Nicht immer jedoch wird in dieser Weise vorgegangen, und es ist bekannt, daß BetreuerInnen des öfteren zu Strafmaßnahmen greifen, etwa indem sie Kinder anschreien, in der Ecke stehen lassen oder grob mit ihnen umgehen. All das sind mächtige Botschaften, die den Kindern vermitteln: „Macht macht's!" Sie lassen den sich entwickelnden Gerechtigkeitssinn der Kinder unberücksichtigt, ebenso wie ihre wachsende Fähigkeit zum Nachdenken. Darüber hinaus schädigen sie die Selbstachtung eines Kindes eher, als sie aufzubauen. Kindern dabei zu helfen, Selbstwertgefühl zu entwickeln, ist eine wichtige Aufgabe bei der professionellen Kinderbetreuung.

■ „Ich denke, man sollte Kindern Bescheid stoßen, wenn sie etwas falsch machen, etwa wenn sie ein anderes Kind verletzen. Man sollte ihnen sagen, daß sie ungezogen und widerwärtig sind."
Was halten Sie von dieser Ansicht?

■ Gibt es einen Unterschied zwischen einer Betreuungsperson, die ein Kind anschnauzt, und einer Mutter, die dies tut?

11.1.6.2 Grenzen setzen bei Erwachsenen

Es folgt das Beispiel einer Auseinandersetzung mit einer erwachsenen Person, bei der es um das Setzen von Grenzen geht:

Sie sind verantwortlich für ein offenes Zentrum für Tagesmütter, und eine neu hinzugekommene Tagesmutter raucht, während sie die Kinder betreut, obwohl dies offiziell untersagt ist. Es liegt eindeutig in Ihrer Verantwortung, darauf zu achten, daß derartiges nicht geschieht, und daher müssen Sie mit ihr darüber sprechen. Zunächst sollten Sie überprüfen, ob sie die Regel kennt und ihr die Grenzen klarmachen: „Wußten Sie, daß das Rauchen in Anwesenheit der Kinder verboten ist?" Dadurch erhält sie eine Information, die sie vielleicht noch nicht hat, und sie bekommt Gelegenheit, sich elegant zurückzuziehen.

Wenn die Tagesmutter hartnäckig bleibt, müssen Sie ihr sagen, wo Sie stehen und welche Verantwortung Sie haben, indem Sie Ich-Botschaften verwenden: „Ich habe für die Durchsetzung des Rauchverbots zu sorgen." – „Wegen der Vorbildwirkung meine ich, daß vor Kindern nicht geraucht werden sollte." – „Es beunruhigt mich, wenn ich Kleinkinder neben brennenden Zigaretten sehe." Oder: „Ich mache mir Sorgen um die Gesundheit der Kinder."

Es ist wichtig, der Tagesmutter zu zeigen, daß Sie ihre Sichtweise und die Konsequenzen, die diese Regel für sie hat, verstehen, etwa indem Sie ihr sagen, daß Sie die Auswirkungen Ihres Handelns bedauern: „Es tut mir leid, wenn Sie Ihre Zigarette vermissen."

Es hilft jedoch nicht, sich bei ihr dafür zu entschuldigen, daß Sie sie auffordern, die Regeln einzuhalten – das Setzen und Wahren von Grenzen ist Teil Ihrer Arbeit. Deshalb ist es ganz einfach nicht angebracht zu sagen „Es tut mir leid, daß ich Sie bitten mußte, mit dem Rauchen aufzuhören" – wobei es sich vielleicht nicht einmal eine ehrliche Aussage handelt.

> Welcher Unterschied besteht zwischen der Aussage, daß Sie die Konsequenzen für jemanden bedauern, den Sie bitten, sich an eine Regeln zu halten und der Aussage, daß es Ihnen leid tut, einer Regel Geltung zu verschaffen? Fallen Ihnen noch mehr Beispiele für ähnliche Situationen ein, wenn Sie an Ihre Arbeit denken?

Zum Diskutieren oder Nachdenken

11.1.7 Über Lösungen nachdenken – Probleme lösen

Wie wir bereits gesehen haben (s. S. 114), sollten Sie kreativ sein, wenn Konflikte auftreten: Finden Sie Wege, die beide Seiten zufriedenstellen, bei denen beide Seiten gewinnen, und beteiligen Sie Ihr Gegenüber an der Suche danach. Fordern Sie die Person offen dazu auf, über Wege zur Bewältigung des Problems nachzudenken: „Sie möchten rauchen, aber das darf ich Ihnen hier nicht gestatten. Vielleicht finden wir gemeinsam eine Lösung für das Problem."

In dem oben genannten Beispiel könnte die Betreffende beispielsweise zum Rauchen in den angrenzenden Raum gehen, während Sie einstweilen mit den Kindern spielen. Aber auch mit dieser Lösung könnte es Schwierigkeiten geben: Wären die Kinder glücklich darüber? Haben Sie miteinander konkurrierende Pflichten, die dazu führen, daß Sie den Kindern nicht die gebührende Aufmerksamkeit widmen können? Im Verlauf einer Problemlösung ist es unter Umständen erforderlich, mehrere Möglichkeiten vorzuschlagen, bevor sich etwas für beide Seiten Akzeptables finden läßt.

11.1.7.1 **Probleme lösen mit Kindern**

Wege zur Problemlösung lassen sich auch mit Kindern gehen, soweit sie alt genug sind, um dieses Vorgehen zu verstehen. Wenn ein Kind gegen die Interessen anderer verstößt, sollten Sie darauf hinweisen, daß dieses Verhalten nicht gestattet ist, das heißt, Sie sollten Grenzen setzen (s. S. 123–124) und dies kurz begründen. Beispielsweise können Sie sagen: „Wir schlagen andere Menschen nicht, weil es ihnen wehtut." Fragen Sie das Kind dann, wie es das Geschehen begründet:

„Was ist passiert?"

„Sie hat mein Auto, und ich will es wiederhaben."

Bringen Sie das Kind als nächstes dazu, über andere Möglichkeiten nachzudenken, wie sich das gewünschte Resultat erreichen ließe: „Was hättest du noch tun können, um dein Auto zurückzubekommen?" Kinder gewöhnen sich rasch an dieses Vorgehen und kommen auf eigene Ideen. Auf diese Weise helfen Sie ihnen, kreativ zu sein und zu erkennen, daß sie Wahlmöglichkeiten haben. Außerdem lernen sie, daß es sozial verträgliche Wege zur Lösung ihrer Probleme gibt.

Rollenspiel

Vielleicht können Sie sich an Gelegenheiten erinnern, bei denen Sie sich mit jemandem auseinandersetzen wollten, der Gedanke daran Sie jedoch nervös machte. Suchen Sie sich eine solche Situation für ein Rollenspiel aus, und führen Sie es zweimal durch: einmal ohne die Hinweise in diesem Kapitel zu beachten und ein zweites Mal, indem Sie die Auseinandersetzung so konstruktiv wie möglich führen.
Wie war es jeweils aus der Sicht der konfrontierenden bzw. der konfrontierten Person? Was ist den ZuschauerInnen aufgefallen?

Übung

An dieser Stelle bekommen Sie Gelegenheit, das Konfrontieren auszuprobieren, damit sie, wenn sich die Gelegenheit ergibt, wirksam damit umgehen können. Wählen Sie sich einen Partner oder eine Partnerin, und konfrontieren Sie sich gegenseitig mit den unten beschriebenen Schwierigkeiten. Wechseln Sie sich in beiden Rollen ab. Sprechen Sie nach jeder Auseinandersetzung darüber, wie Sie sich gefühlt haben. War es Ihrer Ansicht nach eine erfolgreiche Auseinandersetzung? Welche weiteren Möglichkeiten sehen Sie, um auf die andere Person zuzugehen und das Problem zu lösen?
■ Eine Mutter führt eine Auseinandersetzung mit einer Tagesmutter, weil ihr Kind für einen kalten Tag nicht ausreichend gekleidet war.
■ Eine Kindergärtnerin führt eine Auseinandersetzung mit einer Mutter, die ständig vergißt, Kleidung (Höschen etc.) zurückzubringen, die das Kind leihweise angezogen bekommt, wenn es im Kindergarten einnäßt.
■ Eine Spielbegleiterin setzt sich mit einem Kollegen über dessen zu lange Kaffeepause auseinander.

Beobachtung

Beobachten Sie in den folgenden Wochen Konfrontationen, die um Sie herum stattfinden, z. B. bei der Arbeit, in einem Laden oder im Fernsehen. Achten Sie dabei auf Auseinandersetzungen zwischen Erwachsenen sowie zwischen Erwachsenen und Kindern. Wie reagieren beide Seiten? Sind die Auseinandersetzungen erfolgreich?
Überprüfen Sie das Geschehen anhand der folgenden Kernpunkte, und stellen Sie fest, was das Ergebnis einer Konfrontation am stärksten beeinflußt – ob positiv oder negativ.

- Manchmal ist es aus beruflichen Gründen notwendig, andere Menschen – Erwachsene und Kinder – mit ihrem Verhalten zu konfrontieren. Wenn jemand unmittelbar oder auf andere Weise gegen die Interessen der Kinder handelt, sollten Sie mit den Betreffenden sprechen und sie bitten, ihr Verhalten zu ändern.
- Gehen Sie das Problem an, nicht die Person. Erheben Sie keine Vorwürfe, moralisieren Sie nicht, und schnauzen Sie Ihr Gegenüber nicht an.
- Führen Sie die Auseinandersetzung weder bei einer erwachsenen Person noch bei einem Kind auf eine Weise, die das Selbstwertgefühl verletzt.
- Bleiben Sie während einer Auseinandersetzung ruhig, um Störungen zu vermeiden (s. S. 36–37).
- Verwenden Sie Ich-Botschaften, um zu zeigen, wie sich die Handlungsweise der anderen Person auf Sie auswirkt.

**Konfron-
tationen
mit anderen –
Kernpunkte**

12 Kommunikation in Gruppen und bei Versammlungen

Mitglied einer Gruppe zu sein ist eine vertraute Erfahrung. Wir alle gehören von Kind an zu verschiedenen Gruppen. Unser Leben beginnt gewöhnlich in einer besonderen Art von Gruppe, der Familie, mit Eltern oder Pflegepersonen und vielleicht mit Brüdern und Schwestern und anderen Verwandten. Viele von uns gingen als kleines Kind in den Kindergarten und lernten dort, Teil einer Gruppe von Kindern zu sein. Wir alle sind zur Schule gegangen, wo wir Schüler einer Klasse und Angehörige von Gruppen gleichen Alters und gleicher Interessen gewesen sind. In unserer Freizeit haben wir vielleicht Spieleinrichtungen besucht und an verschiedenen Gruppenaktivitäten teilgenommen, oder wir waren Mitglied bei den Pfadfindern oder in Jugendgruppen, wie sie von verschiedenen Konfessionen organisiert werden. Im Erwachsenenleben haben die meisten Menschen Erfahrung gesammelt als Angehörige einer Gruppe von KollegInnen und sind vielleicht auch in ihrer Freizeit Mitglieder informeller und formeller Gruppen.

Dieses Kapitel beschäftigt sich mit einer bestimmten Art von Gruppen, nämlich solchen, in denen von Angesicht zu Angesicht wechselseitig kommuniziert wird und deren Mitglied Sie am Arbeitsplatz sind. Diese Gruppen sollen Kreativität und Kooperation hervorbringen und können aus Kindern, Eltern und/oder Beschäftigten bestehen. Ob sich Gruppen nur ein einziges Mal treffen oder in regelmäßigen Abständen, sie finden sich oft zusammen, um von der Erfahrung, der Energie und den Fertigkeiten vieler zu profitieren.

Bei der Arbeit in Kinderkrippen und Spielgruppen für Kleinkinder dienen Gruppen einer Vielzahl von Zwecken. Die Versammlung der Kinder in einem Kindergarten gibt diesen Gelegenheit, sich zu aktuellen Problemen Gehör zu verschaffen oder etwas zur Planung von Ausflügen und sonstigen Aktivitäten beizutragen. Manchmal treffen sich Eltern und BetreuerInnen, um über gemeinsame Interessen und Sorgen zu sprechen. In vielen Einrichtungen für Kinder werden regelmäßig Mitarbeiterversammlungen einberufen, um das Programm zu planen und durchzusprechen, Schwierigkeiten zu glätten und notwendige Informationen auszutauschen.

Ein Gruppentreffen kann die besten Eigenschaften eines Menschen zum Vorschein zu bringen, weil es die Teilnehmenden häufig dazu ermutigt, auf eine Art kreativ zu sein, die ihnen als einzelne nicht eingefallen wäre. Darüber hinaus können Gruppen ihren Mitgliedern die Erfahrung vermitteln, daß es neben ihrer eigenen noch viele andere Lebens- und Arbeitsperspektiven gibt. Gruppen sind jedoch nicht immer funktionsfähig. Wenn sie schlecht geführt werden, oder wenn die Mitglieder nicht bereit sind, nach besten Kräften zum Erfolg beizutragen, können Gruppen langweilig, frustrierend und sogar destruktiv sein. Menschen mit unbefriedigenden Gruppenerfahrungen können erheblichen Widerwillen dagegen entwickeln, eine Veranstaltung zu besuchen oder Verantwortung für deren Ablauf zu übernehmen, die sie als „noch eins von diesen Treffen" betrachten.

Gruppen erfordern große Aufmerksamkeit, sollen sie gut anlaufen, und es bedarf eines hohen Grades an Bindung, damit sie auf Dauer funktionsfähig bleiben. Es folgen nun einige praxisbezogene Informationen über die Arbeit in und mit Gruppen, sowie einige Empfehlungen, wie Sie selbst als Gruppenmitglied am besten zum Erfolg der Gruppe beitragen können.

12.1 Welche Arten von Gruppen gibt es?

Für verschiedene Aufgaben gibt es verschiedene Formen von Gruppen und auch verschiedene Formen der Gruppenleitung. Insgesamt gesehen lassen sich Gruppen in drei Hauptformen einteilen.

12.1.1 Gelenkte Gruppen

Gelenkte Gruppen sind nicht das Hauptthema dieses Kapitels, sie werden jedoch angesprochen, weil sie in verständnisförderndem Gegensatz zu den beiden anschließend beschriebenen Arten von Gruppen stehen.

Jemand mit besonderen Fähigkeiten kann unter Umständen eine Anzahl anderer Personen auffordern, unter seiner Leitung zu arbeiten. In einer Krisensituation beispielsweise besteht die Möglichkeit, daß eine solche Person anderen Menschen Anweisungen erteilt. So könnte etwa ein qualifizierter Ersthelfer bei einem Verkehrsunfall, an dem mehrere Personen beteiligt sind, die Führung übernehmen und den anderen sagen, was zu tun ist. Er könnte jemanden bitten, die Polizei und den Notarzt anzurufen, jemand anderen auffordern, Mäntel zu suchen, um einen Verletzen im Schock damit zuzudecken und sich um die kümmern, die dringend der Versorgung bedürfen. Eine solche Person erklärt, was getan werden muß und wie es genau getan werden muß. Sie überprüft die exakte Ausführung der Anweisungen und korrigiert Fehler. Die anderen Beteiligten akzeptieren diese Führung, weil sie anerkennen, daß die Rettung von Leben Erfahrung erfordert, und weil keine Zeit verschwendet werden darf. Es kann sich dabei um hochgradig kreative, ideenreiche Menschen handeln, die jedoch unter den gegebenen Umständen bereit sind, diesen Sachverhalt hintanzustellen.

Eine ähnliche Art lenkender Führung mag auch in anderen, weniger extremen Situationen angemessen sein, etwa wenn sich eine Gruppe freiwilliger Helfer unter der Leitung eines gelernten Malers und Dekorateurs zusammenfindet, um einen Kindergarten zu renovieren. Die Freiwilligen erkennen Erfahrung und Sachkenntnis der Führungsperson an und machen ihre Arbeit, wie es ihnen gesagt wird. Selbstverständlich ist es ihnen lieber, wenn die Führungsperson deutlich erklärt, worum es geht, gut gelaunt ist und gegenüber ihren Fehlern ein wenig Nachsicht übt.

Haben Sie Erfahrungen als Mitglied einer gelenkten Gruppe wie der oben beschriebenen gemacht? Wie haben Sie sich dabei gefühlt? Welche Vor- und Nachteile hatte diese Gruppe gegebenenfalls? Haben Sie je den Eindruck gewonnen, daß diese Art der Führung in unangemessener Weise eingesetzt wurde?	**Zum Diskutieren und Nachdenken**

12.1.2 Moderierte Gruppen zum Erfahrungsaustausch und Selbsthilfegruppen

Die Aufgabe einer Gruppenleitung besteht nicht notwendigerweise darin, Anweisungen zu geben, zu überwachen oder zu organisieren. Diese Art der Leitung wäre ungeeignet für eine Gruppe, in der sich Menschen zur gegenseitigen Unterstützung und zum Erfahrungsaustausch zusammenfinden, wie z. B.:

- eine Gruppe von Eltern, die sich regelmäßig treffen, um über Kindererziehung zu sprechen;
- KollegInnen, die sich treffen, um über Schwierigkeiten bei der Arbeit zu diskutieren;
- Kinder, die darüber befragt werden, was sie sich von einer Spielgruppe erwarten.

In Gruppen wie diesen sieht eine effiziente Führungsperson ihre Aufgabe darin, Bedingungen herzustellen, unter denen die Mitglieder sich hinreichend wohl fühlen, um sowohl eigene Beiträge leisten als auch anderen gegenüber aufgeschlossen sein zu können. In solchen Gruppen ist es Aufgabe der Führungsperson, die Dinge in Fluß zu bringen und dafür zu sorgen, daß Gruppenprozesse glatt ablaufen, ohne dabei jedoch die Gruppenmitglieder zu dirigieren. Sie fungiert als ModeratorIn. Solche Personen sind nicht notwendigerweise Fachleute auf dem jeweils aktuellen Gebiet. Sie können eine Elternoder Mitarbeitergruppe moderieren, ohne selbst Elternteil bzw. Beschäftigte in einer Kinderkrippe zu sein oder die Probleme, die von den Gruppenmitgliedern diskutiert werden, aus erster Hand zu kennen. In dieser Art von Gruppe ist es Aufgabe eines jeden Mitglieds, Erfahrungen einzubringen und auszutauschen; die Aufgabe der moderierenden Person besteht darin, darauf zu achten, daß dies auch geschehen kann.

Häufig sind Gruppenmitglieder nicht an moderierte Gruppen gewöhnt und eher damit vertraut, von einem Experten gelenkt zu werden, wie dies im vorangehenden Abschnitt beschrieben wurde. Dann kann es geschehen, daß die Art, in der die moderierende Person mit der Gruppe umgeht, Verwirrung stiftet, und die Gruppenmitglieder fordern, daß sie „ordentliche Antworten" gibt oder sich auf die Seite eines Gruppenmitglieds schlägt, das im Gegensatz zu einem anderen „recht hat".

Es ist nichts Falsches daran, Informationen weiterzugeben, und es bietet sich oft genug Raum für zielgerichtete Unterweisungen. Vielleicht hätte das Personal einer Spielbetreuungsstätte gern Informationen über Kindererziehung und -fürsorge in anderen Ländern, oder Eltern schlagen eine Versammlung vor, bei der ein Experte über die Entwicklung im Jugendalter spricht. All das sind jedoch keine Aufgaben für jemanden, der als ModeratorIn einer Gruppe fungiert, deren Mitglieder zusammenkommen, weil sie sich gegenseitig unterstützen wollen. In diesem Fall geht es um die Gelegenheit, anderen Gruppenmitgliedern zuzuhören und mit ihnen zu sprechen, und es liegt in der Verantwortung der moderierenden Person, dies zu ermöglichen. Wichtig ist, daß auch neu hinzugekommene Mitglieder verstehen, daß es der Gruppe um eben dies geht, sonst werden sie vielleicht enttäuscht und ärgern sich.

12.1.3   Arbeitsgruppen

Eine Gruppe, in der Entscheidungen getroffen und Aufgaben durchgeführt werden, wird als Arbeitsgruppe bezeichnet. Sie weist im Vergleich zur moderierten Gruppe gänzlich andere Eigenschaften auf. Die Mitglieder einer solchen Gruppe nehmen auf eigenen Wunsch oder auf Einladung daran teil, weil sie über besondere Kenntnisse oder Fertigkeiten verfügen. Eine solche Gruppe arbeitet gemeinsam an einer Aufgabe, wie z. B.

- eine Arbeitsgruppe der Verwaltung, die damit beschäftigt ist, neues Personal zu rekrutieren und dabei die jeweiligen Stellenbeschreibungen, die Höhe des Gehalts, die Gestaltung der Stellenanzeigen, die Reihenfolge der KandidatInnen und die Einladungen zu Bewerbungsgesprächen festlegt.

■ eine informelle, aus BetreuerInnen und Eltern zusammengesetzte Arbeitsgruppe, die entscheidet, wie das Sommerfest bekanntgemacht werden soll, ob durch Handzettel, Mitteilungen an die Schulen, Poster o. ä. Außerdem entscheidet die Gruppe darüber, wer bestimmte Aufgaben wahrnimmt, wenn Firmen etc. mit der Herstellung von Werbematerial beauftragt werden. Die Gruppe beschließt auch, ob und wann weitere Treffen stattfinden.

■ eine reguläre Mitarbeiterversammlung in einer Einrichtung wie einem kommunalen Abenteuerspielplatz oder einem Kindergarten.

In diesen Fällen hätte die Gruppenleitung gleichzeitig auch die Aufgabe, den Vorsitz zu führen. Wie bei einer moderierten Gruppe besteht auch hier die Aufgabe der Leitung darin, sicherzustellen, daß jedes Gruppenmitglied den bestmöglichen Beitrag leisten kann. Es nützt nichts, wenn die Anwesenden über Fertigkeiten und Kenntnisse verfügen, diese aber nicht zum Tragen bringen können. Manche Gruppenmitglieder wissen sehr viel und können um Informationen angegangen werden, andere verfügen vielleicht über künstlerisches und organisatorisches Talent, und wieder andere sehen vielleicht Möglichkeiten, um widerstreitende Ansichten zu vereinen und die Gruppe voranzubringen, wenn sie sich festfährt.

In einer Arbeitsgruppe werden Entscheidungen hinsichtlich einer Aufgabe gefällt. Die Gruppenleitung muß dies „im Hinterkopf behalten"; sie muß darauf vorbereitet sein, die Gruppe an ihre Aufgabe zu erinnern und wenn nötig voranzubringen. Darüber hinaus gehört es zu den Aufgaben der oder des Vorsitzenden, darauf zu achten, daß alle Entscheidungen und ihre Ergebnisse und Folgen beim nächsten Treffen noch einmal durchgegangen werden.

Wie Sie sehen, haben die Mitglieder und Leitungspersonen bei verschiedenen Arten von Gruppen auch verschiedene Funktionen. Führungspersonen, die als ExpertInnen und OrganisatorInnen agieren, verfügen (tatsächlich oder nur in ihrer Vorstellung) über das gesamte oder zumindest das meiste erforderliche Wissen und die meisten notwendigen Fertigkeiten. Sie wissen, was zu tun ist und wie es zu tun ist. Sie benötigen lediglich eine Anzahl von Menschen, die ihre Anweisungen durchführen und achten darauf, daß die Arbeit richtig ausgeführt wird, und daß die Gruppenmitglieder tun, was ihnen gesagt wurde.

Bei Gruppen zur gegenseitigen Unterstützung konzentriert die moderierende Person ihre Aufmerksamkeit auf die Gruppe, ihre Mitglieder und deren Erfahrungen. In diesen Gruppen sind keine Entscheidungen bezüglich einer

Aufgabe oder außerhalb der Gruppe liegender Ziele zu treffen; die Beiträge der Gruppenmitglieder tragen ihren Wert in sich.

In Arbeitsgruppen richtet sich die Aufmerksamkeit sowohl der leitenden Person als auch der Gruppenmitglieder auf die anstehende Aufgabe – oder sollte es zumindest. Gemeinsam wollen die Anwesenden unter Einsatz des gesamten in der Gruppe verfügbaren Wissens ein bestimmtes Ziel erreichen.

Diese drei Arten von Gruppen lassen sich zwar theoretisch gut voneinander abgrenzen, in der Praxis kommen jedoch oft Überschneidungen vor. So werden die Mitglieder einer gelenkten Arbeitsgruppe vielleicht auch einmal nach ihren Ideen gefragt, oder eine Elterngruppe muß Entscheidungen über ein Fest oder ein anderes Ereignis treffen, das organisiert werden soll. In Abhängigkeit von der Komplexität der Angelegenheit muß dann unter Umständen auch jemand den Vorsitz übernehmen.

12.2 Ihre Rolle als Gruppenmitglied

Das Folgende umreißt, wie Sie ein effizientes Mitglied in Gruppen für gegenseitigen Austausch und in Arbeitsgruppen sein können.

12.2.1 Eigenverantwortung

Wenn Sie die Entscheidung treffen, sich einer Gruppe für gegenseitigen Austausch oder einer Arbeitsgruppe anzuschließen, sind Sie für die Beiträge verantwortlich, die Sie leisten. (In einer gelenkten Gruppe liegt zwar auch ein Stück der Verantwortung dafür beim einzelnen Mitglied, jedoch entscheidet die Führungsperson über den Beitrag der Betreffenden.) Es mag Ihnen schwer oder leicht fallen, in einer Gruppe zu sprechen, aber die Menschen sind verschieden – und das gilt auch für das Verhalten in Gruppen.

Um die Vielfalt der Reaktionsweisen zu verdeutlichen, ist es ganz nützlich, die Gruppenmitglieder mit verschiedenen Tierarten zu vergleichen. Manche sind wie nervöse Gazellen, die anderen nur einen raschen Blick auf sich gestatten, kurz bevor sie davonhuschen. Einige sind wie eine Schildkröte, die langsam aber sicher vorankommt. Andere sind wie verspielte Welpen. Sie springen gleich mitten rein, machen eine Menge Lärm und haben riesigen Spaß, während wieder andere wie die Eule lange Zeit schweigend dasitzen, bevor sie auf ihre Beute herabstoßen.

12.2.1.1 **Einen wirkungsvollen Beitrag leisten**

Im folgenden werden einige Punkte genannt, die Ihnen unabhängig von Ihrer Persönlichkeit helfen können, einen wirkungsvollen Beitrag zu leisten:

- Wenn Sie etwas zu sagen haben, tun Sie es. Das bedeutet, beharrlich zu sein und sicherzugehen, daß Sie von der übrigen Gruppe beachtet werden. Beginnen Sie daher laut und deutlich zu sprechen, sobald ein anderes Gruppenmitglied damit aufhört. In einer formelleren Gruppe geben Sie der Diskussionsleitung ein Handzeichen, daß Sie sprechen möchten.
- Sagen Sie, was Sie zu sagen haben, so einfach wie möglich, und verwenden Sie konkrete Beispiele. Vermeiden Sie Jargon und unnötige Theorie – das hilft niemandem zu verstehen, was Sie meinen.
- Seien Sie sich Ihrer Gefühle bewußt – verspüren Sie ein erhebendes Gefühl, sind Sie, ängstlich, traurig, verärgert oder gelangweilt? Diese Gefühle könnten Ihren Beitrag beeinflussen. Sich dessen bewußt zu sein, hilft Ihnen, sich auszudrücken, ohne daß Ihnen Ihre Gefühle im Weg sind.
- Seien Sie bereit, über Ihre Gefühle genauso zu sprechen, wie über Ihre Vorstellungen. Sagen Sie lieber „Es deprimiert mich, wenn die Eltern nicht zu unseren abendlichen Treffen kommen" statt „Das Bedauerliche ist, daß es in dieser Gesellschaft eine träge Minderheit gibt".
- Reißen Sie die Versammlung nicht an sich, lassen Sie die anderen auch mitmachen.

12.2.2 Auf andere eingehen

Ebenso, wie Sie Verantwortung übernehmen müssen für das, was Sie sagen, sollten Sie auch sensibel für die anderen Gruppenmitglieder bleiben. Im ersten Teil dieses Buches wurde beschrieben, wie Sie auf ermutigende Weise zuhören, sich der Gefühle Ihres Gegenübers bewußt sein, darauf eingehen und Fragen stellen können. Ferner war die Rede davon, wie man bei Konflikten eine positive Rolle spielen kann. All dies gilt gleichermaßen für Gruppen wie für Begegnungen zwischen Einzelpersonen.

Es liegt nicht allein in der Verantwortung der Gruppenleitung, die Mitglieder zum Sprechen zu ermuntern und ihre Beiträge zu würdigen, sondern das ist genauso Aufgabe jedes einzelnen Gruppenmitglieds. Vor allem ist es wichtig, nicht nur die leitende Person, sondern auch andere Personen in der Gruppe anzusprechen – ausgenommen natürlich bei einer sehr formellen Versammlung mit einem Vorsitz. Solche Verhaltensweisen können zwischen den Gruppenmitgliedern Ideen in Fluß bringen. Außerdem fördert es den Fortgang der Versammlung, wenn Sie sich in Ihren Worten auf die Beiträge anderer beziehen, sobald die Reihe an Ihnen ist. Indem Sie dies tun, bauen Sie auf den Beiträgen der anderen auf. Außerdem sollten Sie noch folgendes beachten:

■ Achten Sie auf die Gefühle der anderen. Sie äußern sich gewöhnlich mehr über das nonverbale Verhalten als über Worte.

■ Seien Sie darauf vorbereitet, einzelne oder die gesamten Gruppe zu konfrontieren, wenn es notwendig sein sollte.

■ Akzeptieren Sie das Talent, die Erfahrung und die Bereitschaft einer anderen Person, während eines Treffens die Führung zu übernehmen. Freuen Sie sich vielmehr über den Reichtum an Anregungen und das Handlungspotential, das der Gruppe damit zufließt.

12.2.3 Sensibilität gegenüber Gruppenmitgliedern

Gruppen unterscheiden sich ebenso wie Individuen. Manche Gruppen sind warmherzig und vertrauensvoll, andere wiederum ziemlich kühl, und ihre Mitglieder kommunizieren schwerfälliger. Es gibt enthusiastisch arbeitende Gruppen, während andere immer wieder Wege finden, um ihren selbstgesetzten Zielen auszuweichen, ob es nun um gegenseitige Unterstützung oder um das Sammeln von Spenden geht. Es folgen einige der Verfahrensweisen, mit denen Gruppen ihre Aktionen verschleppen:

■ Sie verbringen eine Menge Zeit damit, das Thema zu analysieren und darum herum zu reden, ohne zu den praktischen Aspekten zu gelangen. So diskutiert beispielsweise eine Planungsgruppe lang und breit über die Lokalpolitik, beauftragt jedoch niemanden, die Räumlichkeiten für eine Benefiz-Veranstaltung anzumieten.

■ Die Mitglieder verallgemeinern und weigern sich, ins Detail zu gehen. So sprechen sie beispielsweise nicht von ihren eigenen Erfahrungen, sondern sie sagen Dinge wie „Bisweilen fehlt jungen Betreuerinnen in Kinderkrippen das Selbstvertrauen im Umgang mit Kindern" anstatt zu sagen: „Als ich in der Kinderkrippe anfing, fühlte ich mich im Umgang mit Babies überhaupt nicht sicher. Wenn ich darüber nachdenke, fühle ich mich auch heute noch besser, wenn ich mit älteren Kindern zu tun habe." Oder sie sagen „Menschen in der Innenstadt sind oft isoliert" statt „Einige der Mütter haben mir gesagt, daß sie sich ziemlich einsam fühlen und es ihnen schwerfällt, in der Nachbarschaft Freundschaften zu schließen".

■ Sie behandeln Themen auf schnoddrige Art oder machen im unpassenden Augenblick Witze. Dies kann andere Gruppenmitglieder entmutigen, weil sie befürchten, nicht ernstgenommen zu werden.

- Sie geraten auf Abwege und an Themen, um die es gar nicht geht.
- Unter Umständen wird einer oder zwei Personen gestattet, die meiste Zeit über ihre Probleme zu reden. Dabei bleiben die Bedürfnisse anderer Gruppenmitglieder, die Beiträge, die sie einbringen könnten und die anstehende Arbeit unberücksichtigt.
- Sie verbringen ihre Zeit mit Diskutieren.
- Vielleicht finden sie auch einen Sündenbock für ihr eigenes Versagen. So machen sie vielleicht die äußeren Umstände oder ein bestimmtes Gruppenmitglied für das verantwortlich, was schiefgegangen ist, statt als Gruppe die Verantwortung dafür zu übernehmen, daß es nicht vorangeht.

Wenn einer der genannten Fälle eintritt, verschwendet die Gruppe ihre Zeit und weicht ihrer Hauptaufgabe aus. Es liegt in der Verantwortung jedes einzelnen Mitglieds, dem dieser Zustand auffällt, die Gruppe damit zu konfrontieren (s. S. 117–123). Nicht nur die Gruppenleitung ist in solchen Fällen gefordert.

<table>
<tr>
<td>

- Denken Sie an Ihr eigenes Verhalten in Versammlungen und bei anderen Treffen. Mit welchem Tier würden Sie sich vergleichen?
- Haben Sie Erfahrungen mit einer erfolgreichen Gruppe gemacht, einer, die ihren Zweck erfüllt hat? Welche Art von Beiträgen leisteten die Gruppenmitglieder?
- Sind Sie schon einmal in einer erfolglosen Gruppe gewesen, in einer, die ihren Zweck nicht erfüllt hat? Können Sie Vorgehensweisen darstellen, mit denen sie ihrer Aufgabe ausgewichen ist? Waren sie den oben angegebenen ähnlich?

</td>
<td>

Zum Diskutieren und Nachdenken

</td>
</tr>
</table>

12.3 Gründen und Auflösen einer Gruppe

Mit ziemlicher Wahrscheinlichkeit werden Sie irgendwann in Ihrer Laufbahn beschließen, im Zusammenhang mit Ihrer Arbeit eine Gruppe zu gründen. Dabei könnte es sich um eine Gruppe zur Unterstützung der Eltern oder um eine für freiwillige Helfer handeln. Vielleicht wünschen Sie sich auch eine Gruppe, die mit Ihnen an einer besonderen Aufgabe arbeitet, etwa der Planung einer innerbetrieblichen Fortbildung, um den eigenen Ansprüchen an die Arbeit besser gerecht werden zu können.

Zuerst müssen Sie Mitglieder finden. Wenn es eine Gruppe von KollegInnen sein soll, genügt es vielleicht, Freiwillige zu suchen. Wenn Sie jedoch Eltern oder andere Gemeindemitglieder dafür interessieren wollen, sich der Gruppe anzuschließen, ist die persönliche Kontaktaufnahme sehr wichtig, um die Dinge in Gang zu bringen. Sie sollten zwei oder drei Personen heraussuchen, die einer Mitgliedschaft wahrscheinlich zustimmen und sie fragen, ob sie Lust hätten, mit Ihnen gemeinsam eine Gruppe aufzubauen. Sprechen Sie über Ihre Vorstellungen hinsichtlich der Gruppe, und danach laden alle Beteiligten jeweils selbständig potentielle Interessenten zu einem ersten Treffen ein. In diesem Stadium ist es wichtig, an die zu Beginn dieses Buches erwähnten Punkte zu denken, wo es darum ging, Menschen mit unterschiedlichem kulturellen Hintergrund zu berücksichtigen und den Weg frei zu machen, damit die Gruppe so offen und aufnahmebereit wie möglich ist.

Geben Sie durch eine Anzeige oder am Schwarzen Brett der Gemeindeverwaltung bekannt, daß Sie Ihre erste Versammlung abhalten, und fügen Sie für Rückfragen einen Namen und eine Telefonnummer hinzu. Beschreiben Sie kurz und klar, welchen Zweck die Gruppe haben soll.

12.3.1 Die Größe der Gruppe

Geht es bei einer Gruppe um gegenseitigen Beistand und Austausch, scheint eine Teilnehmerzahl von ungefähr 12 Personen das richtige zu sein. Die Gruppe ist dann klein genug, damit jeder seinen Beitrag leisten kann, und groß genug, um für eine Mischung von Wissen und Ideen zu sorgen. Überlegen Sie sich, ob Sie bei einem Gruppentreffen für Baby-Betreuung sorgen wollen, damit mehr Eltern Gelegenheit zur Teilnahme haben.

Bei einer Arbeitsgruppe ist die Stärke von der Gesamtaufgabe, der zur Verfügung stehenden Zeit und dem erforderlichen Umfang an Detailarbeit abhängig.

12.3.2 Der Treffpunkt

Der Raum, in dem Sie sich treffen, sollte einigermaßen komfortabel sein, so daß die Anwesenden sich wohl fühlen und nicht durch harte Stühle, Zugluft oder Lärm abgelenkt werden.

Es sollte klar sein, daß während der Versammlung niemand anderes ein und aus gehen wird. Dies ist vor allem für eine Gruppe wichtig, deren Mitglieder sich gegenseitig unterstützen und einander beistehen wollen. Der Ort des Treffens sollte während dieser Zeit ausschließlich dieser Gruppe zur Verfügung stehen, sonst fällt es schwer, eine Atmosphäre des Vertrauens zu schaffen und sich zu konzentrieren.

Der Raum sollte nicht so groß sein, daß die Gruppe wie eine kleine Insel im Meer wirkt. Das schüchtert ein und erschwert die Verständigung mit den anderen. Wenn Sie dennoch eine große Halle benutzen müssen, denken Sie darüber nach, ob es möglich ist, eine Hälfte für das Treffen abzuteilen, indem Sie z. B. einen Wandschirm aufstellen.

12.3.3 Sitzgelegenheiten

Ordnen Sie die Sitzgelegenheiten so an, daß alle Teilnehmer den Blick auf die anderen frei haben und leicht miteinander kommunizieren können. Dies läßt sich am leichtesten durch eine kreisförmige Anordnung der Stühle erreichen, wodurch auch signalisiert wird, daß alle in der Gruppe gleichwertig sind. Versuchen Sie stets, einen Stuhl außerhalb des Kreises zu vermeiden: Einer schüchternen Person, die außerhalb des Kreises sitzt, wird es schwerfallen, einen Beitrag zu leisten.

In Reihen aufgestellte Stühle sowie eine Leitungsperson, die der Gruppe gegenübersteht oder -sitzt, legen nahe, daß hier jemand Expertenstatus besitzt, und die anderen von dieser Person etwas lernen müssen. Das ist für diese Art von Gruppen ungeeignet, obwohl es beispielsweise bei einigen Formen von Trainingssituationen annehmbar sein mag.

12.3.4 Das erste Treffen

Bereiten Sie für das erste Treffen Ihr eigenes Programm vor, mit einer Begrüßung und einer kurzen Erklärung, warum Sie die Anwesenden eingeladen haben.

Stellen Sie sicher, daß die Anwesenden Gelegenheit haben, einander vorgestellt zu werden und sich kennenlernen können. Selbst wenn Sie alle kennen, ist es möglich, daß sich einige unbekannt sind. Zu diesem Zweck können sie den Anwesenden vorschlagen, sich reihum selbst vorzustellen oder sie bitten, sich zu erheben, im Kreis herumzugehen und diejenigen Personen herauszusuchen, die ihnen noch nicht bekannt sind.

Als nächstes sollten Sie den Anwesenden helfen, sich darüber klar zu werden, was sie von der Gruppe erwarten und warum sie gekommen sind. Dies läßt sich durch paarweise Gespräche erreichen. Bitten Sie die Anwesenden, sich jeweils eine Person als Partner bzw. Partnerin zu suchen, die sie noch nicht so gut kennen. Das hilft nicht nur, das Eis zu brechen, sondern erlaubt es den Gruppenmitgliedern auch, die gewählte Person besser kennenzulernen. Bitten Sie jedes Paar, sich gegenseitig zu befragen und herauszufinden, wer die Betreffeden sind, warum sie gekommen sind, was sie sich erhoffen und ob ihnen irgend etwas an dem Treffen nicht gefällt. Sagen Sie ihnen, daß sie jeweils etwa 5 Minuten Zeit haben. Dann sollen sich die Paare gegenseitig vor der gesamten Gruppe vorstellen und sagen, was der Partner bzw. die Partnerin sich von der Gruppe erhofft. Danach liegen all die verschiedenen Erwartungen offen zutage.

Treffen Sie eine Übereinkunft bezüglich eines realistischen Gruppenziels, und schreiben Sie das Ziel auf ein großes Blatt Papier oder eine Flip-Chart, so daß es alle sehen können. Beschließen Sie außerdem, wie die Versammlungen ablaufen sollen: Wird es nur eine Führungsperson geben, oder sollen sich einige in dieser Funktion ablösen? Wieviel Versammlungen werden Ihrer Ansicht nach erforderlich sein? Wo und wann werden sie abgehalten? Wie lange wird eine Versammlung jeweils dauern? Es hilft den Menschen, Vertrauen in die Gruppe zu entwickeln, wenn ihnen diese Einzelheiten im voraus bekannt sind.

12.3.5 Eine Führungsperson sein

Es kann sein, daß Sie für mehrere Versammlungstermine als LeiterIn der Gruppe gewählt werden oder sich mit anderen darin abwechseln. In dieser Funktion, ob als ModeratorIn oder indem Sie den Vorsitz übernehmen, ist es Ihre Aufgabe, der Gruppe zu dienen und darauf zu achten, daß sie ihre Aufgabe erfüllt. Gute Führungspersonen lassen die Gruppe ein Eigenleben führen. Sie treffen keine Entscheidungen für die Gruppe, sondern lassen die Entscheidungen aus der Gruppe kommen. Sie reden nicht allzuviel, sind jedoch stets wachsam und beobachten. Sie versuchen, die Gruppenatmosphäre und die Gefühle der einzelnen Mitglieder zu erfassen. Beständig prüfen sie, ob die Gruppe ihren Zweck erfüllt, und falls das nicht der Fall sein sollte, können sie sich in geeigneter Form äußern. Es ist nicht immer leicht, eine Gruppe zu führen, aber der Rückgriff auf Ihr Geschick hinsichtlich interpersonaler Kommunikation hilft dabei ebenso wie Erfahrung.

Ziel und Zweck der Gruppe sollen klar sein. Sie müssen der Gruppe helfen, sich dessen bewußt zu sein, indem Sie sie an frühere Übereinkünfte erinnern. In dieser oder jener Hinsicht ist es vielleicht nötig, Ziel und Zweck erneut zu klären. Unter Umständen fragen Mitglieder direkt oder indirekt danach. So stellen Sie möglicherweise fest, daß einige Gruppenmitglieder voneinander abweichende Vorstellungen über Ziel und Zweck der Gruppe haben. Oder jemand sagt: „Worum geht es bei diesem Treffen? Ich denke, wir reden am Thema vorbei." In solchen Fällen müssen Sie etwas Zeit damit verbringen, diese Punkte zu klären und erneut Übereinstimmung zu schaffen. Seien Sie jedoch auf jeden Fall darauf gefaßt, daß ständiges Reden über Ziele einfach nur dazu dienen kann, der wirklichen Gruppenarbeit auszuweichen.

12.3.6 Versammlungen strukturieren

Wenn Menschen nicht genau wissen, wie eine Sitzung ablaufen soll, kann sie das unsicher machen. Stellen Sie daher stets eine Einführung in das Thema der Versammlung an den Anfang und erklären sie, wie es angegangen werden soll.

■ Treffen Sie bei Gruppen zur gegenseitigen Unterstützung gleich zu Anfang die Vereinbarung, daß alles, was in der Gruppe besprochen wird, vertraulich ist und nicht nach außen dringt. Wenn sich daraus Probleme ergeben sollten, das heißt, wenn Sie beispielsweise erfahren, daß ein Kind unter Umständen wirklich in Gefahr ist, folgen Sie den Ratschlägen auf Seite 150 und 151.

■ Vielleicht verwenden Sie Diskussionsmaterial, das von außen kommt und müssen es an die Gruppenbedürfnisse anpassen. Sind alle Diskussionspunkte geeignet? Gibt es genug Material – oder sogar viel zuviel?

■ Wenn sie selbst das Material für die Versammlung zur Verfügung stellen, sagen Sie kurz, was Sie tun werden, z. B.: „Ich dachte, es wäre vielleicht eine gute Idee, wenn wir all diese Zeitungsausschnitte aus der Lokalpresse durchsehen und einen aussuchen, der Sie als Eltern am meisten betrifft. Damit könnte dann unsere Diskussion über den Bedarf an Spielgelegenheiten für die Kinder dieses Stadtviertels beginnen." Sie sollten auch einige Fragen parat haben, mit denen sie die Anwesenden ermutigen können, einander ihre Erfahrungen und Einsichten mitzuteilen. Dies gelingt besser mit offenen als mit geschlossenen Fragen (s. S. 78).

■ Es mag sein, daß die Gruppe Entscheidungen hinsichtlich einer Aufgabe treffen muß, deren Planung und Durchführung sie sich vorgenommen hat. Solche Entscheidungen sollten am Anfang des Treffens umrissen werden: „Wir müssen jemanden auswählen, der unsere Interessen gegenüber dem Gemeinderat vertritt. Dazu ist es notwendig, das wichtigste abzustecken, was diese Person in unserem Namen sagen soll." Wenn viele Entscheidungen anstehen, kann eine schriftliche Tagesordnung, entweder als Handzettel oder auf einem großen Bogen Papier, die Anwesenden darüber informieren, was zu tun ist.

■ Als Führungsperson gehört es auch zu Ihren Aufgaben, der Gruppe bei der Entscheidung zu helfen, ob sie eventuell ein „Nebengleis" weiterverfolgen soll, das allmählich ihre Zeit in Anspruch zu nehmen beginnt. Dies kann unter Umständen bedeuten, die für die Versammlung vereinbarte Thematik auf einen späteren Zeitpunkt zu verschieben. Bis eine Gruppe eine solche Entscheidung – dafür oder dagegen – fällt, können Probleme auftreten, und einige Gruppenmitglieder fühlen sich möglicherweise frustriert. Wenn sich der Exkurs in die Länge zieht, so erreichen Sie möglicherweise nicht, was sie sich bis zum Abschluß der Versammlung vorgenommen haben. Wenn andererseits das neue Material nicht besprochen wird, glauben einige Gruppenmitglieder vielleicht, daß unvorhergesehene und wichtige Dinge übergangen wurden. Lassen Sie die Gruppe daher in dieser Angelegenheit zu einer eigenen Entscheidung kommen. Zeigen Sie Konsequenzen auf, etwa die Notwendigkeit, das neue Thema in eine zukünftige Tagesordnung aufzunehmen oder die Tatsache, daß das ursprüngliche Thema dann zu einem späteren Zeitpunkt behandelt werden muß.

■ Formulieren Sie zum Abschluß der Versammlung eine Zusammenfassung für die Gruppe. Erinnern Sie an getroffene Entscheidungen, oder würdigen Sie kurz die von der Gruppe durchgeführten Untersuchungen und die Entdeckungen, die gemacht wurden.

■ Setzen Sie einen Termin für die nächste Versammlung fest.

■ Seien Sie der Zeitmesser der Versammlung, und achten Sie darauf, daß sie pünktlich beginnt und endet. Dies ist äußerst wichtig. Wenn eine Versammlung zu spät beginnt, wird die Arbeit nicht geschafft, und die Mitglieder kommen mit jedem Mal später. Menschen, die zum Abschluß einer Versammlung über die festgelegte Zeit hinaus festgehalten werden, sind unter Umständen abgelenkt, weil sie über ihre Verpflichtungen nachdenken – etwa daß sie zum Babysitter zurückmüssen – oder sie müssen weg und versäumen wichtige Informationen, wie z. B. den Termin des nächsten Treffens. Die vereinbarte Zeit einzuhalten kann Menschen helfen, sich in einer Gruppe sicher zu fühlen.

12.3.7 Das Gespräch in Gang halten

■ Hören Sie als Leitungsperson jedem Beitrag gut zu.

■ Wenn Sie den Eindruck haben, daß ein Beitrag Verwirrung stiftet, überprüfen Sie, ob er verstanden wurde.

■ Klären Sie Mißverständnisse.

■ Wenn es TeilnehmerInnen schwerfällt, Gedanken oder Gefühle auszudrücken, ermutigen Sie sie durch Widerspiegeln (s. S. 53).

■ Achten Sie darauf, ob jemand erfolglos versucht, in die Diskussion einzusteigen, und geben Sie in solchen Fällen Hilfestellung, indem Sie z. B. sagen: „Leroy, du wolltest etwas sagen...".

■ Helfen Sie den Anwesenden, sich durch Meinungsverschiedenheiten hindurchzuarbeiten und Lösungen anzustreben, die für beide Seiten einen Erfolg bedeuten (s. S. 114).

■ Bringen Sie neue Punkte ein oder stellen Sie offene Fragen (s. S. 77–79), wenn die Gruppe vorangebracht werden muß.

12.3.8 Auflösen einer Gruppe

Manchmal muß eine Gruppe entscheiden, ob sie auf so weitermacht wie bisher oder aufhören möchte. Es ist nicht gut, weiterzumachen, wenn die Mitglieder entmutigt oder verwirrt sind, oder wenn die Arbeit abgeschlossen ist. In diesem Zusammenhang gibt es verschiedene Möglichkeiten.

Wenn Mitglieder wegziehen oder aus anderen Gründen austreten, kann die Gruppe beschließen, neue Mitglieder aufzunehmen. Dabei sollte sie sich jedoch klarmachen, daß diese Personen unterschiedliche Ressourcen, Erfahrungen und Bedürfnisse einbringen. Kommen viele neue Mitglieder dazu, wird es vielleicht erforderlich, gemeinsam die Gruppenziele neu auszuarbeiten.

Bisweilen haben Mitglieder den Eindruck, daß das ursprünglich gesteckte Ziel erreicht wurde. In diesem Fall sollten sie entscheiden, ob sie sich neue Ziele setzen möchten.

Wenn den Mitgliedern nicht länger klar ist, warum sie sich treffen, brauchen sie Zeit, um ihr ursprüngliches Ziel zu betrachten und zu entscheiden, ob sie vom jetzigen Stand aus weitermachen oder zum ursprünglichen Ziel zurückkehren möchten.

Es kann auch beschlossen werden, daß die Gruppe ihren Sinn verloren hat und eine Fortführung zwecklos ist. In diesem Fall sollte Abschied genommen werden, entweder in aller Stille oder mit einem Fest!

Kommunikation in Gruppen und bei Versammlungen – Kernpunkte

■ Wenn sie gut arbeitet, kann eine Gruppe zu Kreativität ermuntern und Fertigkeiten und Wissen bündeln.

■ Jedes Mitglied sollte Verantwortung dafür übernehmen, effizient mitzuarbeiten. Das ist nicht nur Aufgabe der Führungsperson.

■ Es gibt verschiedene Arten von Gruppen für verschiedene Aufgaben und verschiedene Arten der Gruppenleitung. Führungspersonen, die als ExpertInnen gesehen werden, leiten eine Arbeitsgruppe. In Gruppen zur gegenseitigen Unterstützung helfen ModeratorInnen den Mitgliedern dabei, eigene Interessen zu definieren und zu erforschen. In Arbeitsgruppen ist das Augenmerk der Person, die den Vorsitz führt genauso wie das der Mitglieder unter Einsatz des gesamten Gruppenwissens auf die Durchführung zuvor vereinbarter Aufgaben gerichtet – oder sollte es zumindest sein.

■ Mitglieder von Gruppen zum gegenseitigen Erfahrungsaustausch oder von Arbeitsgruppen sollten sich verpflichtet fühlen, jeden Beitrag zu leisten, der in ihrer Macht steht. Sie sollten konkrete Beispiele verwenden, Jargon vermeiden und nicht unnötig theoretisieren. Sie sollten sich ihrer Gefühle bewußt sein und bei Gelegenheit auch bereit sein, sie zu äußern.

- Sie sollten gegenüber anderen Mitgliedern sensibel sein, ihnen den Zugang zur Diskussion ermöglichen und zu ihrem Beitrag ermutigen. Sie sollten notfalls auch auf eine Konfrontation mit anderen Mitgliedern vorbereitet sein.
- Es gibt viele Möglichkeiten, wie Gruppen an ihrer Aufgabe scheitern können. Einige geraten auf Abwege und diskutieren über Dinge, die nicht zum Thema gehören, oder es findet sich ein Sündenbock, der für das Versagen der Gruppe verantwortlich gemacht wird. Dem Ausweichen vor Verantwortung sollte stets entgegengetreten werden, sobald ein Gruppenmitglied dies bemerkt.
- Eine Gruppe zu gründen bedeutet, Entscheidungen über Öffentlichkeitsarbeit, Gruppengröße und einen günstigen Versammlungsort zu treffen, an dem die Gruppe ungestört sein kann.
- Die Leitungsperson einer Gruppe sollte die Gruppenmitglieder einander vorstellen oder dafür sorgen, daß sie sich selbst vorstellen können. Sie sollte es ihnen erleichtern, ihren Beitrag zu leisten und die Gruppe auf die Aufgabe ausgerichtet halten.
- Es kommt der Zeitpunkt, an dem sich eine Gruppe entweder auflösen oder ihre Ziele neu definieren sollte.

13 Vertraulichkeit

Obwohl Vertraulichkeit in diesem Buch an letzter Stelle behandelt wird, ist es keineswegs das Thema mit der geringsten Bedeutung. In diesem Kapitel werden diejenigen Aspekte der Vertraulichkeit abgehandelt, die Ihnen bei der Arbeit in Kinderkrippen oder als SpielbegleiterIn im Umgang mit Erwachsenen und Kindern begegnen. Es geht darum, wie Sie mit Informationen umgehen, die Ihnen individuell oder im Laufe eines Gruppentreffens anvertraut werden (s. S. 71), und ob Sie diese Information an andere weitergeben oder nicht. Nicht besprochen wird die Verwahrung sensiblen schriftlichen Materials oder die Frage, wer zu schriftlichem oder datentechnisch verarbeitetem Material Zugang haben sollte. Diese Punkte sind wichtig, fallen jedoch nicht in den Bereich der interpersonalen Kommunikation.

Private Information kann Sie auf verschiedenen Wegen erreichen, hier sind zwei davon:

- Eltern vertrauen Ihnen etwas an, und
- Vorgesetzte geben private Informationen weiter.

Bei Ihrer Arbeit und vor allem, wenn Sie mit Menschen gut zurechtkommen, werden Sie feststellen, daß viele Eltern Ihnen vertrauen und Ihnen von ihren Sorgen und Problemen erzählen. Vielleicht mögen sie Sie und halten Sie für vertrauenswürdig – was ziemlich wahrscheinlich ist, wenn Sie von Ihnen mit Feingefühl und Respekt behandelt werden. Aber unabhängig von ihren Gefühlen Ihnen gegenüber müssen sie Ihnen allein wegen Ihrer Funktion vertrauen. Sie vertrauen Ihnen zuallererst deswegen, weil Sie beruflich mit ihrem Kind zu tun haben. Vielleicht erzählen sie Ihnen private Einzelheiten aus dem Familienleben, damit Sie das Kind besser verstehen.

So sagen Sie beispielsweise einem Vater, der seine Tochter abholen möchte, daß sie nicht wie sonst ist, sondern ein bißchen weinerlich und übertrieben anhänglich. Er erklärt Ihnen, daß die Mutter unter Depressionen leidet und in die Klinik eingewiesen wurde. Er hat es Ihnen nicht schon früher gesagt, weil, wie er meint, „Menschen bei psychischen Erkrankungen manchmal komisch reagieren".

Dieser Vater erwartet natürlich von Ihnen, daß Sie seine Worte vertraulich behandeln. Er hat Sie über dieses Problem in Kenntnis gesetzt, weil Sie mit seinem Kind arbeiten und dessen Verhalten verstehen müssen. Ansonsten hätte er Ihnen nichts davon erzählt.

Auch Vorgesetzte geben Ihnen möglicherweise private Informationen über bestimmte Familien, nicht weil das interessant ist, sondern damit Sie Ihre Arbeit richtig machen können. Beispielsweise gibt es da Bedenken wegen Cathie, einem Kind, das zu Hause mißhandelt wurde. Eine Vorgesetzte in einem Kindergarten gibt diese Information an die ihr direkt unterstellten MitarbeiterInnen weiter. Dies ist notwendig, um bestimmte Verhaltensweisen von Cathie verstehen zu können, und weil die BetreuerInnen, um sie zu schützen, auf unerklärliche blaue Flecke und Kratzer achten müssen. Sie könnten Anzeichen für weitere Mißhandlungen sein, von denen sie die Vorgesetzte in Kenntnis setzen müßten.

Klatsch ist unprofessionell. Er mißachtet das Recht der Menschen, persönliche Angelegenheiten für sich zu behalten.

13.1   Vertrauenswürdig sein

Wenn Ihnen jemand – ein Elternteil oder jemand aus dem Kollegenkreis – private Informationen enthüllt, so klatschen Sie natürlich nicht darüber. Dies gilt gleichermaßen für das, was auf Versammlungen oder bei Gruppentreffen erzählt wird. Es läßt sich leicht ausmalen, wie verletzend es wäre, wenn Ihre

Privatangelegenheiten von anderen diskutiert würden. Im Alltag finden es manche Menschen spannend, private Informationen zu bekommen und sie weiterzutragen, um die Auswirkungen zu beobachten. Wer mit Kindern arbeitet, sollte sich jedoch als professionelle Kraft betrachten, die gegenüber Dritten keine vertraulichen Informationen enthüllt. Andererseits ist es bisweilen beruflich notwendig, private Angelegenheiten zu besprechen, die Ihnen bei der Arbeit zugetragen wurden. Wenn Sie dies tun müssen – die Gründe erläutern wir später –, sollten Sie sich an Ihre Vorgesetzten wenden:

- Im Krankenhaus würde eine Säuglingsschwester zur Stationsleitung gehen.
- SpielbegleiterInnen würden sich an die Gruppenleiterin bzw. den Gruppenleiter wenden.
- Eine Kindergärtnerin würde die Leitung der Einrichtung informieren.
- Die Leiterin einer Kindertagesstätte würde sich ebenso an die Verwaltung wenden, wie die Leitung einer Gruppe von SpielbegleiterInnen.
- In der Schule käme der Direktor bzw. die Direktorin infrage.
- Eine Tagesmutter würde sich an die KollegInnen des Sozialdienstes wenden, mit denen sie gewöhnlich in Verbindung steht.
- Freiwillige HelferInnen würden zu ihrer Koordinatorin bzw. ihrem Koordinator gehen.

13.2 Weitergabe von Information

Ein Gespräch mit Vorgesetzten über etwas, das Ihnen wegen der Folgen für ein Kind Sorgen bereitet, ist kein Klatsch. Bisweilen erfordert es das Wohl eines Kindes, vertrauliche Informationen weiterzugeben, ähnlich wie bei der Vorgesetzten in dem Beispiel mit dem mißhandelten Kind. Es gehört zu Ihrem Beruf, darauf vorbereitet zu sein, daß Ihnen ein Elternteil etwas anvertraut, und Sie darüber nachdenken müssen, ob Sie es für sich behalten oder weitergeben wollen.

13.2.1 Informationsbedarf

Für die Entscheidung, ob und wann eine Information über ein Kind oder eine Familie weitergegeben werden soll, gibt es Grundregeln. Die Entscheidung sollte davon abhängig gemacht werden, ob es notwendig für die BetreuerInnen ist, Bescheid zu wissen. Die Beantwortung der folgenden Fragen hilft bei der Klärung dieses Problems:

- Ist die Weitergabe notwendig, damit mit dem Kind effizienter gearbeitet oder der Familie ein besserer Service geboten werden kann?
- Besteht Gefahr für das Kind oder die Familie, wenn die Information nicht weitergegeben wird?

Lautet die Antwort auf beide Fragen „Ja", sollte die Information an alle weitergegeben werden, die sie beruflich benötigen. Wenn Sie sich in einer untergeordneten Position befinden, sollten Sie sich an jemand in verantwortlicher Stellung wenden, damit diese Person die Entscheidung treffen kann. Erhalten Sie Informationen, die Sie bedrücken, aufregen oder gar empören, so ist es Ihre Pflicht, dies vertraulich mit Ihrem Chef bzw. Ihrer Chefin zu besprechen.

Manche Kindertagesstätten arbeiten mit einem System von „Schlüsselpersonen", von denen jeweils eine speziell für den Kontakt zu einer bestimmten Familie verantwortlich ist und als die Person gilt, die über relevante Informationen bezüglich der Familie verfügen muß. In anderen Einrichtungen erhalten einige oder alle BetreuerInnen, die unmittelbar mit dem betreffenden Kind arbeiten, die notwendige Information. Das kann sich auch auf mittelbar mit dem Kind befaßte Personen ausdehnen. In welchem Umfang die Informationsweitergabe geschieht, liegt in der Entscheidungsbefugnis der Vorgesetzten.

Nehmen wir an, es gibt ein Gerichtsurteil, das Lindas Vater den Kontakt zu ihr untersagt. Lindas Mutter sagt der für die Ferienfreizeit verantwortlichen Betreuerin, daß Linda unter keinen Umständen mit ihrem Vater weggehen darf. Die verantwortliche Betreuerin gibt dies dem Personal bekannt, weil es durchaus sein kann, daß sie selbst gerade abwesend ist, wenn Lindas Vater auftaucht, so daß Linda dem Vater möglicherweise versehentlich übergeben wird.

Zum Diskutieren oder Nachdenken	Bei welchen Gelegenheiten halten Sie es für akzeptabel, daß KinderbetreuerInnen private Informationen über Familien besprechen: in Fallbesprechungen, zu Hause, beim Kaffee im Aufenthaltsraum, auf Mitarbeiterversammlungen, bei Diskussionen in Ausbildungskursen. Können Sie sich Ausnahmefälle zu Ihren Antworten vorstellen?

13.2.2   Gefahren der Informationsweitergabe

Die Weitergabe von Informationen hat Vorteile, birgt aber auch Gefahren. Zu den Hauptgefahren gehört die Verletzung der Privatsphäre der betroffenen Familie. Es kann nicht deutlich und oft genug gesagt werden, daß eine Familie das Recht auf Privatsphäre hat, und daß dieses Recht nur dann verletzt werden sollte, wenn es wirklich im Interesse des Kindes liegt.

Zum anderen gibt es keinen Grund, warum die BetreuerInnen mit unnötigen Einzelheiten über die Familien, mit denen sie arbeiten, belastet werden sollten. Manche Kindergärten und Familienzentren nehmen nur Kinder aus Familien in sehr schwierigen Umständen auf – jede Einzelheit über den sozialen Hintergrund der Kinder zu kennen, würde den betreffenden BetreuerInnen jedoch wenig helfen. Nehmen Sie noch einmal das Beispiel von Cathie:

Das Sozialamt der Kommune erwartet von den BetreuerInnen, auf jede Verletzung zu achten. Deswegen müssen diese Bescheid wissen, um nicht leichtfertig blaue Flecken oder andere Verletzungen zu übersehen. Es besteht jedoch keine Notwendigkeit, ihnen weitere sensible Informationen über die Familie zukommen zu lassen, denn diese könnten sowohl die BetreuerInnen selbst belasten als auch deren Beziehung zur dieser Familie durch Vorurteile prägen.

Wenn also eine Mutter in einer Gruppe zur gegenseitigen Unterstützung Informationen aus ihrer eigenen unglücklichen Kindheit enthüllt, so besteht für Sie kein Anlaß, diese Informationen weiterzugeben. Sie haben nichts damit zu tun, wie Sie für das Kind sorgen, und es erwächst keine Gefahr daraus, wenn ihre Kolleginnen und Kollegen nicht informiert werden. Aber noch einmal: Wenn Sie merken, daß eine vertrauliche Mitteilung Sie aufregt oder Ihnen Sorgen bereitet, sollten Sie jemand Verantwortlichem davon berichten. Unter diesen Umständen sollten Sie wen auch immer um professionelle Unterstützung angehen. Außerdem können Sie dadurch unnötige psychische Belastungen bei sich selbst vermeiden.

13.2.3 Weitergabe von Information ankündigen

Wenn Sie beschließen, daß auch anderen zur Kenntnis gebracht werden sollte, was man Ihnen erzählt hat, sollten Sie dies der Person, die es Ihnen anvertraut oder bei einem Gruppentreffen enthüllt hat, auch sagen.

Ein Beispiel: Deidre ist die Mutter eines der Kinder in Ihrer Spielgruppe, und Sie kommen gut mit ihr aus. Sie erzählt Ihnen, daß die Kinder ihrer Schwester, die ebenfalls in der Spielgruppe sind, jede Nacht stundenlang allein sind, während ihre Mutter in einer Kneipe in der Nachbarschaft arbeitet. Sie hat die Kinder oft weinen hören, wenn sie am Haus vorbeiging. Sie weiß, daß im Schlafzimmer ein mit Gasflaschen betriebener Ofen steht. Zwar hat sie mit ihrer Schwester darüber gesprochen, die jedoch meint, da könne sie nichts machen, die Familie brauche das Geld. Deidre sagt: „Bitte sagen Sie nichts. Ich möchte keinen Ärger verursachen, aber es macht mich ganz krank vor Sorge."

Sie befinden sich in einer unglücklichen Position und in einer Situation, die sich in ähnlicher Weise auch bei anderen BetreuerInnen in Kinderkrippen oder bei SpielbegleiterInnen ergeben kann. Einerseits glauben Sie, daß für die Kinder wirklich eine Gefahr besteht, andererseits fühlen Sie Loyalität gegenüber Deidre, die Ihnen vertraut hat.

In einer Situation wie dieser, in der die Kinder wirklich in Gefahr zu sein scheinen, haben Sie keine andere Wahl, als die Information an eine verantwortliche Person weiterzuleiten. Dies müssen Sie der Person, die Ihnen etwas anvertraut hat, jedoch sagen, sonst befindet sie sich in einer schiefen Lage.

Vielleicht glaubt sie, ihre Beziehung zu Ihnen sei rein persönlich und freundschaftlich, während für Sie die berufliche Verantwortung für die Kinder Vorrang hat. Einen Schritt voran bedeutet die Empfehlung an die jeweilige Person, die Information selbst weiterzugeben. Wenn sie dazu nicht bereit ist, können Sie ihr sagen, daß Ihnen die Schwierigkeit der Situation bewußt ist, daß Sie jedoch um des Wohles der Kinder willen jemandem in verantwortlicher Position davon berichtet werden. Wenn Sie als Tagesmutter arbeiten, sollten Sie den zuständigen Sozialdienst informieren.

Zum Diskutieren oder Nachdenken

Lesen Sie die folgenden Punkte, wenn möglich mit einem Partner oder einer Partnerin oder in kleinen Gruppen, und entscheiden Sie, was Sie tun würden. Lesen sie auch die Kernpunkte durch, um sich Hinweise für die Beantwortung zu holen. Es gibt möglicherweise keine „richtige" Antwort – vielleicht fallen Ihnen Begleitumstände ein, die Ihr Handeln in die eine oder andere Richtung beeinflussen würden. So könnte etwa Saleems Mutter im ersten Beispiel ihn an diesem Morgen in den Kindergarten gebracht haben.

■ Saleem ist 3 Jahre alt und im Kindergarten. Als Sie eines Morgens anschauen, was er gemalt hat, sagt er: „Meine Mami hat meinen Papi angeschrien, und jetzt ist sie weggegangen." Wie reagieren Sie? Geben Sie es an jemanden weiter oder nicht? Angenommen, Sie sind in verantwortlicher Position, sollten Sie dann prüfen, ob Saleems Aussage stimmt? Wie begründen Sie Ihr Handeln?

■ Eine Mutter mit einem Säugling bringt ihr älteres Kind in den Ferien-Club. Sie weint und sagt, sie wisse nicht, was sie tun solle. Sie berichtet über Probleme beim Stillen des Babys, und daß sie nach der Geburt des ersten Kindes eine schwere Depression gehabt habe. Was tun Sie, wenn überhaupt, mit dieser Information? Warum?

■ Sie sind die Leiterin einer Kindertagesstätte. Garys Mutter sagt Ihnen, daß sein Vater AIDS hat. An wen, wenn überhaupt, geben Sie diese Information weiter? Mit welcher Begründung fassen Sie Ihren Entschluß?

■ Sie besuchen eine Familie, deren Kind – Tom – gerade erst in den Kindergarten gekommen ist, zu Hause. Toms Mutter erzählt Ihnen im Vertrauen, daß ihn sein Vater oft schlägt. Was sagen Sie zu ihr, und welche Maßnahmen ergreifen Sie, wenn überhaupt?

Vertraulichkeit – Kernpunkte

■ KinderbetreuerInnen erhalten oft vertrauliche Informationen über die Kinder und die Familien, mit denen sie arbeiten.

■ Über solche Informationen sollte nicht mit anderen Eltern oder mit Personen, die in keiner beruflichen Verbindung zu dem Kind bzw. der Familie stehen, gesprochen werden.

■ Sensible Informationen sollten an KollegInnen nur dann und nur im besten Interesse des Kindes weitergegeben werden, wenn es notwendig ist, diese zu informieren.

■ Die Weitergabe von Informationen verletzt die Privatsphäre der Betroffenen. Sie kann auch eine Belastung für die KollegInnen darstellen und in manchen Fällen zu Vorurteilen gegenüber der Familie führen.

■ Wenn eine Information Besorgnis bei Ihnen auslöst, geben Sie sie an jemand in verantwortlicher Position weiter. Diese Person kann dann eine Entscheidung fällen, wer davon – wenn überhaupt – noch wissen sollte.

■ Wenn Sie beschließen, Vorgesetzten von Privatangelegenheiten eines Elternteils zu berichten, gehört es zu Ihren beruflichen Pflichten, den Elternteil dies wissen zu lassen.

■ Manche Institutionen verfolgen in Sachen Vertraulichkeit ihre eigene Politik, etwa eine Schulbehörde in bezug auf AIDS. Personen in Leitungspositionen klären Sie darüber auf.

14 Interpersonale Kommunikation – Ein Überblick

Dieses Kapitel gibt Ihnen einen Überblick über interpersonale Kommunikation und hebt einige der wichtigsten Themen und Gedanken dieses Buches noch einmal hervor.

Eine effektive interpersonale Kommunikation findet dann statt, wenn sie auf die Bedürfnisse der Kinder ausgerichtet ist.

In diesem Buch werden Vorschläge unterbreitet, wie Sie für die Arbeit in Kinderkrippen und Spielgruppen für Kleinkinder Fertigkeiten auf dem Gebiet der interpersonalen Kommunikation entwickeln können – denn dies ist ein Bereich, in dem die gesamte professionelle Kompetenz zuerst und vor allem im Interesse der Kinder eingesetzt wird. Dazu gehören praktische Fertigkeiten, wie die Zubereitung von Baby-Nahrung, das Säubern eines aufgeschlagenen Knies oder das Überprüfen der Sicherheit eines Spielgerüstes auf einem Abenteuerspielplatz. Kommunikatives Geschick und das Wissen darüber, was bei der interpersonalen Kommunikation geschieht, dienen ebenfalls dem Wohl der Kinder. Dies gilt sowohl für die Kommunikation von Angesicht zu Angesicht mit den Kindern selbst als auch für alle Interaktionen mit Erwachsenen, Eltern und KollegInnen, von denen die Kinder indirekt betroffen sind. Zu den Fertigkeiten, die Kinder indirekt betreffen, könnten beispielsweise das aufmerksame Zuhören und Reagieren auf die Sorgen von Eltern gehören, oder die Fähigkeit, Konflikte im Kollegenkreis zu lösen.

Bei den Kindern selbst können Sie Ihr Geschick auf dem Gebiet der interpersonalen Kommunikation zu folgenden Zwecken einsetzen:

- *Hören Sie den Kindern zu.* Allmählich wird erkannt, daß Kinder ein Recht darauf haben, gehört zu werden. Kindern zuhören zeigt, daß Sie sie respektieren und hebt ihre Selbstachtung. Die Bereitschaft, Kindern zuzuhören, und das Wissen darum, wie dies getan werden kann, ist die Grundlage einer effizienten interpersonalen Kommunikation mit ihnen.

■ *Schalten Sie Störfaktoren aus.* Wenn Sie die in diesem Buch beschriebenen Beobachtungen und Übungen durchgeführt haben, werden Sie sich all dessen bewußt geworden sein, was eine effiziente Kommunikation mit Kindern beeinträchtigt, angefangen von der Verwendung von Stereotypen bis hin zu der Rolle von Gefühlen beim Verzerren der Kommunikationsinhalte.

■ *Spiegeln Sie wider.* Sie haben gelernt, daß Widerspiegeln oft eine wirkungsvolle Maßnahme ist, um Kinder wissen zu lassen, daß Sie ihre Worte vernommen haben und verstehen, wie sie sich fühlen. Es zeigt ihnen, daß Sie ihre Erfahrungen und ihr Erleben akzeptieren und macht ihnen Mut, sich zu äußern.

■ *Setzen Sie Fragen sehr achtsam ein, und beantworten Sie die Fragen von Kindern sorgfältig.* In Kapitel 8, in dem es um Fragen geht, werden einige der Probleme umrissen, die auftreten können, wenn BetreuerInnen den Kindern zu viele Fragen stellen oder sich angewöhnen, ziellos nach irgendetwas zu fragen. Die Fragen von Kindern auf konstruktive Art zu beantworten, hängt davon ab, inwieweit Sie ihnen Aufmerksamkeit entgegenbringen und ernst nehmen, was sie verwirrt.

■ *Konfrontieren Sie Kinder mit unannehmbaren Verhalten, ohne ihre Selbstachtung zu verletzen.* Die Übungen in Kapitel 9 und 11 haben Ihnen praktische Erfahrung vermittelt, wie Sie gegen das Verhalten, nicht aber gegen das Kind vorgehen können. Auch dies ist von äußerster Wichtigkeit für die Selbstachtung des Kindes.

Wenn Sie diese Fertigkeiten einsetzen, werden Sie auch die Kinder dazu ermutigen, sich nach besten Kräften zum Ausdruck zu bringen und auf diese Weise ihr Kommunikationvermögen zu entwickeln.

Effiziente Kommunikatoren können die Ansicht des Gegenübers annehmen.
   Eine zentrale Fertigkeit bei der interpersonalen Kommunikation besteht darin, den Standpunkt einer anderen Person annehmen zu können, sorgfältig auf ihre Worte zu hören und sich ihrer nonverbalen Botschaften bewußt zu sein. Wenn Sie für die vielen verschiedenen Botschaften, die ein Erwachsener oder ein Kind sendet, wachsam sind, befinden Sie sich in einer besseren Position, um angemessen darauf zu reagieren. Sie können z. B. erkennen, ob jemand aufgeregt ist, obwohl Ihnen das nicht wortreich erklärt wird und diesen Umstand bei Ihrer Reaktion berücksichtigen.

Die Sichtweise des Gegenübers anzunehmen ist bei Interaktionen mit Babies ebenso notwendig wie bei Erwachsenen und älteren Kindern. Babies sind von Anfang an Individuen mit ihren eigenen Erfahrungen und Wünschen – auch wenn sie nicht in der Lage sind, diese in Worte zu fassen. Bei Babies müssen Sie ein feines Gespür für deren augenblicklichen Zustand entwickeln. Sind sie z. B. schläfrig, gereizt, wachsam, oder weinen sie? Welche Informationen vermitteln sie Ihnen darüber, ob ihnen ein Spiel gerade Spaß macht und sie es gern weiterführen würden, oder ob sie lieber aufhören möchten? Oft übernehmen Babies die Führung und verwickeln Sie in Spiel und Interaktion – Sie müssen jedoch ihren Signalen gegenüber wachsam bleiben, um die Dinge aus ihrem Blickwinkel sehen zu können. Sind Sie dazu in der Lage, dann wissen Sie auch, wann Babies bereit dafür sind, daß Sie Ihren Anteil an der Interaktion übernehmen, und Sie können Ihren Beitrag zeitlich so einrichten, daß er gut zupaß kommt.

Effiziente Kommunikatoren sind sich der Rolle von Gefühlen in der interpersonalen Kommunikation bewußt. Bei jeder interpersonalen Kommunikation spielen Ihre eigenen Gefühle und die Ihres Gegenübers eine Rolle. Wenn Sie lernen, den Gefühlen eines anderen Menschen gegenüber aufmerksam zu sein, können sie dessen „Botschaft" besser verstehen. Wenn Sie sich Ihrer eigenen Gefühle stärker bewußt werden, so werden diese die Kommunikation wahrscheinlich auch weniger beeinträchtigen.

Effiziente Kommunikatoren respektieren andere Menschen. Respekt zeigt sich in vielfältiger Gestalt. Im Grunde handelt es ich jedoch um die Einstellung, daß andere Personen individuelle Sichtweisen des Lebens, eigene Gefühle und eigene Wege haben, ihr Weltverständnis zu entwickeln, vor allem aber, daß sie das Recht auf Gleichbehandlung besitzen. Eine solche Einstellung können Sie vermitteln, wenn Sie versuchen, die Sichtweise anderer Personen zu verstehen und ihnen dies auch zu erkennen geben, d. h. ihre Erfahrungen anerkennen und weder herabwürdigen noch ignorieren. Dies mag bei einigen schwerer fallen als bei anderen – es ist unmöglich, alle Menschen gleichermaßen zu mögen. Als professionelle Kraft ist es jedoch wichtig, daß Sie Ihren Anteil an der Verantwortung für die Funktionalität von Arbeitsbeziehungen übernehmen. Bei gegensätzlichen Interessen finden Sie demnach Möglichkeiten, die den Bedürfnissen aller ebenso wie Ihren eigenen entsprechen und versuchen nicht, die anderen durch Vorwürfe oder eine wertende Sprache zu kontrollieren.

Respekt zeigt sich auch darin, wie Sie mit vertraulichem Material umgehen. Sie respektieren die Privatsphäre der Menschen und brechen die Vertraulichkeit nur dann, wenn ein Kind in Gefahr ist – dies aber sagen Sie der Person, die Sie informiert hat.

In gleicher Weise führt eine respektvolle Geisteshaltung Sie dazu, keine Stereotypen anzuwenden oder Botschaften von Macht und Kontrolle auszusenden, die andere „auf ihren Platz verweisen". Ein solcher „Platz" ist immer mit Ungleichheit verbunden. Respekt gegenüber allen Menschen, mit denen Sie arbeiten, fördert Gleichheit für alle Gruppen einschließlich derer, die durch Rassismus, Sexismus, falschem Umgang mit Behinderungen und andere systematische Ungerechtigkeiten unterdrückt werden.

14.1 Zum Abschluß

Interpersonale Kommunikation wird in Ihrem Arbeitsleben eine wichtige Rolle spielen. Die Fertigkeiten, mit denen Sie dieses Buch bekannt gemacht hat, lassen sich während Ihrer gesamten beruflichen Laufbahn weiterentwickeln. Es sind Fertigkeiten, die Eltern, KollegInnen und vor allem den vielen Kindern dienen werden, für deren physisches, soziales und emotionales Wohlergehen Sie mitverantwortlich sind.

Weiterführende Literatur

Theorie

Deaux, K., Dane, F. C., Wrightman, L. S.: Social Psychology in the 90's. 6. Aufl., Brooks/Cole, California, 1993 (Kapitel 5)
Petrie, P.: Play and Care, Out-of-School. HMSO, 1994
Richards, M.: Infancy: World of the Newborn. Harper and Row, London, 1980
Schaffer, R.: Mothering. Fontana, London, 1985
Tizard, B., Hughes, M.: Young Children Learning. Fontana, London, 1984
Wood, D. et al.: Working with Under Fives. Grant McIntyre, London, 1980

Allgemeine Ausführungen finden sich in anderen sozialpsychologischen Lehrbüchern, wie z. B.:
Argyle, M.: Social Skills and Health. Methuen, London, 1981 (Anwendung der Theorie auf Arbeitssituationen)
Hargie, O. (Hrsg.): A Hand Book of Communication Skills. Croom Helm, California, 1986 (vor allem Kapitel 1 bis 10, ein akademischer Ansatz)

Praxis

Nelson-Jones, R.: Practical Counselling and Helping Skills. 3. Aufl., Cassell, London, 1993 (s. a. andere Titel dieses Autors auf den Gebieten der Fertigkeiten des Beratens und Helfens und der zwischenmenschlichen Beziehungen)

Gleichheit

Brown, B.: All Our Children: A Guide for Those Who Care. BBC Publications, London, 1990
Checklist for Accessible Play. HAPA, London
Kapasi, H.: Asian Children Play. PLAY-TRAIN, Birmingham, 1992
Lane, J.: From Cradle to School. Commission for Racial Equality, London, 1995

Nützliche Adressen

Gesellschaft für wissenschaftliche Gesprächspsychotherapie e. V. (GWG)
Richard Wagner Straße 12, 50674 Köln, T.: 02 21/25 29

Aktionskomitee Kind im Krankenhaus e.V.
Kontakt: Anne Reinhard
Kirchstraße 34
61440 Oberursel
Tel./Fax: 0 61 72/30 36 30

Literaturverzeichnis

Biere, B. U.: Kommunikation unter Kindern. Methodische Reflexion und exemplarische Beschreibung. M. Niemeyer, Tübingen 1978

Cocard, Y.: Kommunikation und Verhandeln. Eine Studie über das familiäre Kommunikationsmilieu und die Verhandlungskompetenzen Jugendlicher. Edition Soziothek, Könitz 06/1998

Duhm, E.; Huss, K. (Hrsg.): Förderung sprachlicher Kommunikation 4 bis 6jähriger Kinder. Hahner V.-G. /CVK, Aachen, Bielefeld 1995

Faux, C.: Die Entwicklung wirksamer Kommunikation für das körperbehinderte Kind. Kinders-Vlg., Ulm 1992

Gesundheitsförderliches Handeln in der Krankenpflege. Bd 2: Kommunikation, Intervention und subjektive Erfahrung in der Praxis. MMV, München 1995

Göppner, H. J.: Hilfe durch Kommunikation in Erziehung, Therapie, Beratung. J. Klinkhardt, Heilbrunn 1984

Habbel, S.: Praktisches Übungsbuch zur Kommunikation im Krankenhaus. Sprache und Kommunikation. 4. Aufl. B. Kunz, Hagen 1996

Heeg, P.: Schulische Kommunikation stark schwerhöriger Kinder. Beschreibung der interaktiven Mikrostrukturen in einer Schulklasse. Julius Groos, Heidelberg 1991

Hilsberg, R.: Körpergefühl. Die Wurzeln der Kommunikation zwischen Eltern und Kind. Rowohlt TB, Reinbek 1985

Kliebisch, U.: Kommunikation und Selbstsicherheit. Interaktionsspiele für Jugendliche. Verlag an d. Ruhr, Mühlheim 1995

Kolonko, B.; Krämer, I.: Beobachtungshilfe. Beschreibung von Kommunikation in Kindergarten und Schule. Kinders-Vlg., Ulm 1993

Krenz, Armin: Spiele(n) mit geistig behinderten Kindern und Jugendlichen. Spielimpulse zum Erleben von Spass und Kommunikation und notwendige Hinweise für eine Spieldidaktik unter sonderpädagogischer Sicht. 3. Aufl. Verlag gruppenpädagog. Lit., Wehrheim 1995

Leber, I.: Nikki ist nicht sprachlos. Kommunikation eines nichtsprechenden, körperbehinderten Kindes. Loeper, Karlsruhe 1994

Lebovici, S.: Der Säugling, die Mutter und der Psychoanalytiker. Die frühen Formen der Kommunikation. Klett-Cotta/SVK, Stuttgart 1990

Lüber, R.: Praxishilfen für den Kindergarten. Stichwort „Planung". Heft 15: Unsere Sprache - Es gibt viele Formen der Kommunikation – Wie ein Bilderbuch entsteht. Herder, Freiburg 1996

Miller, S.; Nunnally, E.; Miller, P.; Wackman, D. (Hrsg.): Wir verstehen uns! Ein Programm zur Verbesserung der Kommunikation in der Partnerschaft und Familie. inkom, Schweinfurt 04/1998

Mühlan, E.: Mama, Papa hat gesagt...! Kommunikation mit Kindern. 3. Aufl. K. Gerth, Aßlar 1993

Papousek, M.: Frühe Störungen der frühsprachlichen Kommunikation und Eltern-Kind Beziehung: Ein Indikationsfeld für Prävention und interaktionzentrierte Eltern-Säuglingspsychotherapie. Vorlesung während der 47. Lindauer Psychotherapiewochen 1997. Vier Türme, Münsterschwarzach Abtei 1997

Papousek, M.: Vom ersten Schrei zum ersten Wort. Anfänge der Sprachentwicklung in der vorsprachlichen Kommunikation. Nachdr. Hans Huber/BRO, Bern 1998

Rosenbusch, H.; Schober, O. (Hrsg.): Körpersprache in der schulischen Erziehung. Pädagogische und fachdidaktische Aspekte nonverbaler Kommunikation. 2. vollst. überarb. u. erw. Aufl. Schneider Hohengehren, Baltmannsweiler 1995

Salisch, M. von: Kinderfreundschaften. Emotionale Kommunikation im Konflikt. Hogrefe/BRO, Göttingen 1991

Spitz, R. A.: Nein und Ja. Die Ursprünge der menschlichen Kommunikation. 4. veränd. Aufl. Klett-Cotta /SVK Beiheft zur Psyche, Stuttgart 1992

Tomatis, A.: Klangwelt Mutterleib. Die Anfänge der Kommunikation zwischen Mutter und Kind. 2. Aufl. Kösel, München 1996

Tomatis, A. A.: Der Klang des Lebens. Vorgeburtliche Kommunikation – die Anfänge der seelischen Entwicklung. Rowohlt TB, Reinbek 1990

Trautmann, T.: Wie redest Du denn mit mir? Kommunikation im Grundschulbereich. Schneider Hohengehren, Baltmannsweiler 1997

Vopel, K. W.: Kommunikation im 1. Schuljahr. Interaktionsspiele für Schulanfänger. 2 Tle. iskopress, Salzhausen 1994

Sachwortverzeichnis

Psychotherapie und Psychosomatik in der Pflege

Bauer/Ahrens
Psychotherapie und Psychosomatik in der Pflege

1998, ca. 232 Seiten, 6 Abb.
Format 14,5 cm x 21,5 cm, Softcover
ca. DM 38.00, SFr 35.00, öS 277.00
ISBN 3-86126-636-9

Das Lehrbuch zur psychosomatischen Pflege beschäftigt sich mit der psychotherapeutischen Wirksamkeit der Pflege und deren Grundlagen.

Rüdiger Bauer und Ruth Ahrens, zwei Pflegeexperten im Bereich psychosomatischer Pflege, erläutern ausführlich die Prinzipien der Pflegeorientierung, des Alter ego, der Zuwendung, Nähe und Distanz sowie Macht in der Pflege.

Pflegende und ehemalige Patienten tragen gemeinsam eine Beschreibung bedeutsamer Begegnungen zusammen. Pflege als Kunst und Wissenschaft, pflegetheoretische Grundlagen nach Peplau und Rogers sowie ethische Aspekte der psychosomatischen Pflege werden dargestellt und in Struktur und Bedeutung diskutiert.

Die Praxis einer Psychotherapie und Wahrnehmungsmuster werden exemplarisch beschrieben.

Ullstein Medical
Verlagsgesellschaft mbH & Co.
Mainzer Straße 75
D-65189 Wiesbaden

ULLSTEIN
MEDICAL